中村健一
武馬久仁裕 著

子どもも先生も感動！

健一＆久仁裕の目からうろこの俳句の授業

黎明書房

はじめに

私がこの本を書くきっかけになったのは、二年前の名古屋の戸笠小学校での俳句の授業です。

本文で書きましたが、私は、小学校の五年生のクラスで俳句の授業をしました。その結果、子どもたちの俳句を作る力、読む力が、並々でないことを知りました。

そして、彼らの作った俳句を読むにつけ、子どもの俳句だから大人の作った俳句とは違う、といった先入観を捨てなければならないと思いました。

子どもの俳句も大人の俳句も、基本的には変わりはないのです。

もちろん、題材、語彙の量には多少の違いはあるかもしれませんが、句の成り立ちに違いはありません。それは、私がこの本の第2章の「3　子どもたちの俳句を楽しく、面白く、深く読もう」で書いた通りです。

どうか、子どもらしくないという評価の前に、一人の人間の俳句として、子どもたちの俳句を読んでください。

子どもたちもそのほうが納得するでしょう。そして、きっと嬉しくなり、自分自身に自信を持つことでしょう。

この本を機会に、子どもたちがますます俳句が好きになり、そして、先生方も俳句を楽しんで教えていただけるようになることを、心より願っております。

最後になりましたが、改めて、つたない私の授業に参加してくれた戸笠小学校の当時の五年生のみなさん、そして、お世話になった村田香先生はじめ、戸笠小学校の先生方に深くお礼申しあげます。

そして、俳句を提供していただいた先人とご活躍中の俳人の方々、「自己紹介俳句」の授業のアイディアをいただきました坪内稔典先生には厚くお礼申し上げます。

お忙しい中、第1章に俳句、川柳の授業のネタの数々をお書きいただきました共著者の中村健一先生には、感謝の言葉もありません。

先生のネタには、子どもをとりこにする楽しさ、面白さがあります。そして、なおかつ教育的配慮がすみずみまで行き届いています。

読者には、今すぐ実践されることをお勧めします。必ず、教室中が沸き立つことでしょう。そして、ご自分も子どもたちと一緒に俳句を、川柳を楽しんでください。

中村先生とのコラボで、本を出すことができた喜びをかみしめながら筆をおきます。

二〇一九年六月二十二日　夏至の日に

武馬久仁裕

目次

目　次

目　次

第1章 子どもも先生も楽しい俳句の授業のネタ

この章では、ハードルの低い川柳づくりから始めます。子どもたちが川柳の楽しさを体験し、楽しく五・七・五のリズムに慣れるのが目的です。

そして、川柳づくりで五・七・五のリズムに慣れたら、俳句づくりです。なんでも楽しく俳句にすることから、俳句づくりを感覚的に身につけて行きます。

1 とにかく五・七・五で川柳をつくっちゃえ

① Q&A川柳 ―先生と編―

私がクラスでよくやる遊びです。

「先生の質問に五・七・五で答えてください。思いついた人は、手を挙げます。では、質問。昨日の晩御飯は何でしたか？」

子どもたちは、この遊びが大好きです。すぐに指折りながら考えます。五・七・五ができあがった子は、

「整いました！」

と言って、手を挙げます。そして、その子を指名して、みんなの前で五・七・五を披露させます。

豪華だよ　焼肉食べに　行ったんだ

母手抜き　コンビニ弁当　チンしたよ
晩御飯　何を食べたか　忘れたよ

こんな五・七・五に笑いが起きます。そして、みんなで拍手を送ります。
また、披露された五・七・五は、みんなでくり返し音読させるのがポイントです。
たとえば、先に紹介した「晩御飯　何を食べたか　忘れたよ」が発表された後です。
『晩御飯　何を食べたか　忘れたよ』、はい」（教師）
「晩御飯　何を食べたか　忘れたよ」（子どもたち全員が声を揃えて）
声を揃えて音読することで、子どもたちは五・七・五のリズムに慣れていきます。
お題を変えて、くり返し行うのがいいですね。たとえば、次のような質問です。子どもたちの回答例と共にいくつか紹介します。

Q　好きな教科、嫌いな教科を教えてください

Ａ　家庭科さ　物を作るの　好きだから
　　国語イヤ　特に漢字は　すごくイヤ
　　勉強は　どれも楽しい　訳がない

Q　好きな色とその理由を教えてください

A　オレンジだ　明るい色で　元気出る
青が好き　日本代表　ユニフォーム
緑色　嵐の相葉　色だから

Q　将来はどんな仕事がしたいか教えてください

A　絶対に　ニュースキャスター　なりたいな
保育士だ　みんなに笑顔　届けたい
社長さん　お金がいっぱい　ウヒョウヒョヒョ

この遊びのいいところは、一〜二分という短い時間でできるところ。授業のちょっとした隙間時間に、授業がちょっと早く終わったら、などなど。時間を見つけて、簡単な質問で子どもたちにどんどん五・七・五をつくらせちゃいましょう。

もちろん、五〜十分の長い時間を使ってもできます。

くり返し行って、クラスに五・七・五の文化を創りましょう！

②　Q＆A川柳　―友達と編―

子どもたちに質問を考えさせても面白いです。その場合は、質問を五・七・五の音にまとめさせるのがいいですね。

たとえば、次のような質問五・七・五です。

> はまってる　テレビ番組　何ですか？
> テンションが　一番上がった　出来事は？
> 金がある　君はどうする　何するの？

これらの質問に子どもたちが五・七・五で答えます。「先生と編」と同じように回答の五・七・五を思いついた子は、

「整いました！」

と手を挙げます。質問した人がその子を指名して、発

表させます。

たとえば、「金がある　君はどうする　何するの？」に対する子どもたちの回答です。

サッカーの　スパイクボール　買うだろう
お寿司をね　お腹いっぱい　食べたいな
金あるの？　それじゃあ　どっかに行きましょう

こんな回答に笑いが起きます。

先生と子どもではなく、子ども同士のコミュニケーションを促すことができるのがいいですね。

ベストアンサーを決めるというゲーム形式にしても楽しいです。

一人が一つ、五・七・五の質問をノートに書きます。班のメンバーでそのノートを回し、五・七・五の回答を一つずつ書きます。すると、一つの質問に対して、班のメンバーの人数分、五・七・五の回答が集まります。

たとえば、新年らしく（？）、三学期最初にQ＆A川柳を行った時です。ある男の子が質問を書いて班五人でノートを回すと、次のような回答が集まりました。

Q　お年玉　何に使った？　教えてよ
　A　お年玉　何も使わず　残ってる
　　友達の　誕プレ用に　使ったよ
　　一円も　使わず母が　銀行に
　　一万円　使った後は　貯金箱

質問した男の子は、一番気に入った五・七・五をベストアンサー賞として発表します。次のような形でスピーチさせました。

僕の質問「お年玉　何に使った？　教えてよ」のベストアンサー賞を発表します。ベストアンサー賞は、……神窪さんの「一円も　使わず母が　銀行に」です。

ベストアンサー賞を発表する度に、拍手と歓声が起こります。いくつベストアンサー賞をゲットできるか？　勝負しても面白いですね。
　これも、くり返し行えるネタです。くり返し行って、五・七・五のリズムに子どもたちを慣れさせましょう。

③ 授業のまとめを五・七・五で

授業の最後にまとめを書かせることも多いと思います。これも、たまには、五・七・五で書かせてみるといいでしょう。

たとえば、次のような五・七・五が出来上がります。

> 筆算は　たてる、かけるで　ひくおろす
> 太陽の　反対側に　かげできる
> 消防士　火事に備えて　訓練だ

四十五分の授業を五・七・五という短い音にまとめるのです。

その授業のポイントが何であるのか？　端的に説明することが求められます。

そのため、五・七・五のリズムを楽しむだけでなく、授業のポイントを見抜く力やそのポイントを要約する力も伸ばすことができます。

授業のまとめを五・七・五で行うことは、良いことずくめですね。

もちろん、つくった五・七・五は、クラスみんなで紹介し合うといいでしょう。

たとえば、六年生の社会科で織田信長について学習した後です。子どもたちは、まとめとして、次のような五・七・五をつくりました。

信長は　天下統一　あと一歩
光秀が　信長統一　邪魔したよ
信長が　乱世の日本　終わらせた

同じ五・七・五でまとめさせても、子どもたち一人ひとりが授業のポイントだと思ったところは違うものです。

友達がどんな五・七・五を発表するのか、子どもたちは興味津々で聞きます。

また、五・七・五は短いので、一人の発表に十秒程度しかかかりません。クラス全員に発表させたとしても、五分もかからないですね。

テンポよく発表させ、たまに気になった五・七・五に質問したり、ツッコんだり、拍手をさせたりする。

そうすれば、子どもたちは飽きずに発表を聞くことができます。

④ ダジャレ五・七・五

朝、黒板に次のような問題を書いておくこともあります。

★ダジャレでできた川柳です。○に何が入るか分かるかな。

① トイレなら　我慢をせずに　○○○○○
② おしょうさん　二人そろえば　○○○○○
③ チアガール　応援するの　○○○○○

何も言わなくても、子どもたちは答えを相談し始めます。子どもたち同士をつなげることができるのも、このネタの良い所ですね。

「先生、①番、分かった！」

と言いに来る子もいます。しかし、この時は「後でね」と言って、相手にしません。

朝のあいさつが終わった後、答えを聞きます。

「①の答えが分かった人？」

子どもたちは嬉しそうに手を挙げます。指名した子が、

「『行っトイレ』ですか?」

と言えば、少し間を取って、

「……正解！」

と言います。正解者に拍手を贈った後は、

「トイレなら　我慢をせずに　行っトイレ」

とみんなで声を揃えて音読します。五・七・五のリズムは心地いいものです。どんどん声に出して音読させせましょう。

ちなみに正解は「②お正月（和尚がツー）」「③イヤガール」です。

正解を発表した後は、子どもたちにダジャレ川柳をつくらせるのもいいでしょう。

「もしダジャレ川柳を思いついたら、自主学習帳に書いてきてね」

と言っておくだけでもＯＫです。子どもたちは、ダジャレが大好き。

「驚いた　下駄箱開けると　げっタバコ!?」「無理ですよ　百円玉は　ひゃー食えん」

など、たくさんの名句をつくってきます。それをクイズ形式にして、学級通信で紹介しても楽しいです。

子どもたちが大好きなダジャレと五・七・五のコラボは威力満点。オススメです。

⑤ 自己紹介も川柳で

新しいクラスが始まる四月。最初に自己紹介をさせるクラスも多いのではないでしょうか？　そんな時にも五・七・五の川柳にまとめさせると面白いです。

まずは、「好きな食べ物」「きらいな食べ物」「好きな教科」「趣味」「特技」「尊敬する人」「将来の夢」「今読んでいる本」などなど。項目をつくって、子どもたちにメモさせます。もちろん、項目にない自分で思いつくものでもOKです。

そのメモをもとに、自己紹介を五・七・五の音にまとめさせます。これで、立派な自己紹介川柳が完成。たとえば、次のような川柳です。

> ユーチューバー　将来それで　稼ぎます
> 食べたいな　ケーキ食べたい　買ってくれ
> 習い事　琴という名の　弦楽器

たくさんつくらせるのが、いいですね。子どもたちは「量」をつくる中で、「質」も上げていくからです。

つくった川柳の中から一つ選ばせて、次の形式で発表させます。

「（つくった自己紹介川柳）」
「（クラス全員で声を揃えてくり返し言う）」
「（フルネーム）です。よろしくお願いします。」

これだけで立派な自己紹介スピーチになります。

「いつも思う　勉強なんか　したくない」（自己紹介をする子）
「いつも思う　勉強なんか　したくない」（クラス全員で声を揃えて）
「木村春樹です。よろしくお願いします」（自己紹介をする子）

一人ひとりが教室の前に出て自己紹介スピーチをします。子どもたちは、どんな自己紹介川柳が発表されるか？　興味津々です。

短いのもいいですね。クラス全員三十人が発表しても、時間は十分程度。子どもたちは飽きずに聞くことができます。

⑥ クラス目標も五・七・五

新年度最初にクラス目標を決めることも多いと思います。クラス目標も五・七・五でつくるのがオススメ。五・七・五の音はリズムがいいし、子どもたちが覚えやすいからです。ことあるごとに、クラス全員で声を揃えて目標を言ってみるといいでしょう。

ある学校では、学校全体の目標を受けて、クラスの目標を決めることが義務付けられていました。その年の目標のキーワードは「仲良く」です。

そこで、学級活動の時間にクラス目標を決めました。まずは、一人ひとりが五分間で目標を考えます。「たくさん」つくることが大切ですね。次に、班（五人）で相談して、目標を一つつくります。誰かの素晴らしい目標をベースにして、よりよい目標になるように話し合います。または、いくつかの素晴らしい言葉を組み合わせて目標をつくります。

班で決めた目標は黒板に書かせました。

誰とでも　仲良くしたら　いい気持ち（一班）
どの人も　差別をしない　4の1（二班）
4の1　ケンカが0（ゼロ）の　いいクラス（三班）

楽しくね　毎日笑おう　ハハハハハ（四班）
仲良くね　素敵なクラス　いいことだ（五班）
全員で　仲良くすれば　ケンカなし（六班）

どの班も五・七・五の音にまとめられていることにビックリです。「五・七・五の音にまとめなさい」なんて指示は出していないのですけれどね。実はこのクラス、三年生の時からの持ち上がり。何度か俳句づくりに取り組ませてきたので、子どもたちも五・七・五の音に親しんでいたということでしょう。

投票で、ベースになる目標一つを選びます。投票前に、クラスみんなで音読してみることが大切です。声を揃えて音読することで、どの目標が響きが良いか？　投票する判断の材料の一つになるからです。

投票の結果、選ばれたのは、次の目標でした。

楽しくね　毎日笑おう　ハハハハハ（四班）

この目標をベースにして、よりよい目標になるようにクラスみんなで話し合いました。

「どうすれば良いのかが分からないので、『ハハハハハ』の代わりに『ケンカせず』を入れたらいいと思います」

確かにこの目標のままだと具体的にどうすればいいのか分かりません。鋭い指摘だと思います。子どもたちもこの意見を取り入れました。

しかし、四班の子が「どうしても『ハハハハハ』を残したい！」と主張します。この目標に投票した子たちも同じ意見でした。

そこで、これらの意見を取り入れ、次の目標に決定です。

ケンカせず　毎日笑おう　ハハハハハ

これなら、具体的に何をがんばればいいのか分かります。また、「ハハハハハ」を残すことで私のクラスらしいユニークな目標になりました。

子どもたちもこの目標を大いに気に入ったようです。

この年はケンカが起こる度にこの目標をクラス全員で音読しました。そして、ケンカがなくなるようにがんばることを確認しました。

⑦ 標語も五・七・五

六月には「歯と口の健康週間」があります。それに合わせて、むし歯予防の作品の募集が行われる学校も多いでしょう。

習字、ポスター、作文など、どれでもＯＫなのですが、一番お手軽なのが標語です。標語を考えてから、短冊に清書するまで、授業時間の四十五分があれば、十分です。おつりがくるぐらいですね。

標語は、特に五・七・五でないといけない訳ではありません。しかし、五・七・五はリズム感があります。

また、子どもたちも「自由に考えなさい」と言われるよりは、「五・七・五にまとめなさい」と形を決めてもらった方が考えやすいものです。

そこで、標語も、五・七・五にまとめさせることをオススメします。

私のクラスでは、まず、一人に五つの標語を考えさせます。何度も書いていますが、「量」を求めることで、「質」が上がっていくからです。

五つノートに書いたら、先生の所に持ってこさせます。そして、どの標語がいいか？子どもと教師で相談して決めます。

一目瞭然で、優れた標語が分かることが多いです。もちろん、子どもも一番のお気に入りのことが多いので、その標語に決定です。

迷った場合は、

「確かに、これとこれがいいよね。Aさんは、どっちがいいと思う？」

と言って、子どもに決めさせます。

たとえば、次のような標語ができあがります。

> 忘れずに　歯と歯の間　奥歯もね
> むし歯なし　私の笑顔は　ぴっかぴか
> ゴシゴシの　音色でむし歯　倒すんだ

できあがった標語は短冊《たんざく》（俳句を書く細長い紙）にきれいに清書させます。イラストも描かせ、薄く色も塗らせます。これで、手軽に立派な掲示物が完成です。

むし歯予防に限りません。運動会のスローガンや給食週間の標語など、全て五・七・五にまとめさせるといいですね。

たとえば、次のような五・七・五ができあがります。

運動会のスローガン

時は来た　みんなで勝ち取れ　優勝旗
燃え上がれ　全力尽くして　優勝だ！
つかみ取れ！　令和最初の　優勝を

給食週間の標語

手を合わせ　感謝の心で「いただきます」
命をね　もらっているから　残さない
4時間目　チャイムが鳴れば　給食だ！

五音や七音は、リズムや響きがいいものです。スローガンや標語も五・七・五にまとめさせるといいですね。

⑧ 地域カルタ

国語以外の教科書にも、五・七・五にまとめる活動が結構でてきます。たとえば、小学四年生の社会科の「火事からくらしを守る」という単元です。教科書に最後のまとめとして、五・七・五の標語をつくる活動が出ていました。面白そうなので、もちろん、やってみました。

近づくな　火事の現場は　危険だよ
気をつけて　出かける前は　火を確認
天ぷらを　揚げる時には　離れない
燃える物　ストーブ近く　置きません
危険だよ　火遊び禁止　火事のもと

子どもたちは、こういう活動が大好きです。いきいきと取り組んで、素晴らしい作品を完成させてくれます。

できあがった作品は、学級通信で紹介するのがいいですね。

三年生の社会科の教科書には、「きょう土カルタをつくろう」という学習が載っています。そこで、私のクラスでもカルタをつくってみることにしました。

教科書では五・七・五に限定されてはいません。しかし、私の教室では五・七・五に限定して行いました。カルタを読んだ時、リズムがいいからです。そして、何より子どもたちが考えやすいからです。

まずは、十分間で、子どもたち一人ひとりがその地区について、五・七・五にまとめました。どの子も最低一つはつくることができました。また、一番多い子は七個もの作品を完成させました。

「では、カルタにする五・七・五を決めていくよ。『あ』で始まる五・七・五をつくった人、起立！」

起立させ、作品を発表させます。たとえば、「あ」では、次のような作品が発表されました。

「愛されて　御手洗商店　１００年だ」
「甘酒が　とってもおいしい　酒井酒造」
「ああなんて　この木でかいの　楠は」などなど。

そして、みんなの挙手の投票で、どの作品をカルタにするか決めていきます。この時選ばれたのは、「ああなんて　この木でかいの　楠は」でした。

「る」など、無かった場合は、その場で考えさせます。

「誰か、『る』で始まる五・七・五を思いつかない？　Aくん」

手を挙げたAくんを指名します。

「るんるんる　旅に行くのが　楽しみだ」

「なるほど！　岩国錦帯橋空港についての五・七・五だね。すごい！　思いついたAくんに拍手～！」

こう言って、即、採用です。

「あ」あなんて　この木でかいの　楠は
「い」つまでも　受け継がれるかな　とんど焼き
「う」まい酒　毎日売ってる　酒井酒造
「え」がおでね　いっぱい踊ろう　お祭りで
「お」いしいよ　酒井酒造の　甘酒は

このように「あ」から「わ」までの五・七・五が全て決定しました。

決定したら、手分けして「あ」から「わ」まで、読み札を一枚と絵札を六枚つくらせました。クラス全員で一斉にカルタをすると、なかなか取れません。そこで、班に分かれてするためです。

私が読み札を読んで、班ごとにカルタの大会を行います。どの班も大盛り上がりで、絵札を取り合いました。

また、各班のチャンピオンを集めて、クラス王決定戦もしました。これが、もう大盛り上がり。クラス王決定戦に出た子はもちろん、その他の子も自分の班の代表を一生懸命応援していました。

つくったカルタは教室に置いておきます。すると、雨の日の昼休みなど、子どもたちが盛り上がってカルタ大会をする姿が見られます。騒いだり、走り回ったりしないので、怪我の心配もなく安心です。

せっかくつくったカルタですからね。くり返し楽しむのがいいですね。

⑨ 会話川柳

どんどん五・七・五の音を使わせ、慣れさせてしまおうと思えば、会話川柳もオススメです。二人組になり、五・七・五で会話するだけです。五・七・五を一つノートに書いたら、相手に渡します。ノートをもらったら、五・七・五を一つ書いて、相手にノートを返します。

六年生のある二人組は、十分間で十七個も五・七・五の会話を楽しみました。

A 今日帰り　家で何する　どうするの？
B すぐバスケ　行く準備して　でかけるよ
A すごいよね　スポーツできて　うらやましい
B あなたこそ　今日は帰って　何するの？
A 帰ったら　ピアノをやって　寝るだけよ
B 昼寝して　夜にも眠れる？　俺は無理
A 私はね　何時間でも　眠れるよ
B すごいよね　ある意味だけど　次は何？

Ａ　決まったよ　得意な教科　教えてよ
Ｂ　国語だよ　文章題が　好きだから
Ａ　私はね　国語は嫌い　社会好き
Ｂ　確かにね　歴史だったら　俺も好き
Ａ　歴史では　誰が好きなの　教えてよ
Ｂ　俺ならば　織田信長だ　君ならば？
Ａ　私はね　明治天皇　すごい人
Ｂ　そうだよね　明治天皇　いい人だ
Ａ　やっぱりね　意外といい人　すごいなあ

見事に五・七・五で会話が成り立っています。


ちなみに、この十分間は、おしゃべり禁止。次のように指示します。

「十分間、おしゃべりは禁止です。ノートに書く五・七・五だけでしゃべってください。

笑い声も、禁止です。笑い声も『ナハハハハ』と五音や七音で書きなさい」

おしゃべり禁止の制限が、会話川柳をますます楽しいものにしてくれます。

⑩　川柳しりとり合戦

五・七・五の音は、私の得意なお笑いとも相性がいいようです。教室に笑いを起こすコツの一つに「追い込む」があります。五音や七音という制限が子どもたちを「追い込み」ます。

たとえば、川柳しりとり合戦というゲームです。

①　三人組ｖｓ三人組で勝負。教室の前にチームが向かい合って立つ。
②　先攻チームが五・七・五の音を一人ずつ担当し、しりとりで川柳を言う。
例　「いそいで（る）」「（る）ビーを取っ（た）」「（た）かのは（な）」
③　次に後攻チームが先攻チームの最後の文字を最初にして川柳を言う。
例　「（な）んてこ（と）」「（と）かげのしっぽ（が）」「（が）ははは（は）」
④　先攻チームと後攻チームが交互にしりとりで川柳を言っていく。
⑤　十五秒以内に言えなかったら、負け。

五音や七音という制限があります。また、十五秒という時間制限があります。追い込まれた子どもたちはあせって思いついた五音や七音を口にします。

だから、ここで例にしている「なんてこと　とかげのしっぽが　がははははは」なんて迷句が次々と誕生します。

たとえば、次のような川柳です。


(あ) いして (る)　(ル) ビーが犬 (と)　(と) んでい (く)

(く) だ物 (と)　(と) かげのしっ (ぽ)　(ポ) イ捨て (だ)

(た) まねぎ (に)　(に) んじんすっ (て)　(て) つまみ (れ)


教室は間違いなく大爆笑の渦に巻き込まれますね。

ちなみに、この時は「(て) つまみ (れ)」に続いた相手チームが「(レ) ンジチン」と言ってアウトでした。しりとりなので、当然「ん」で終わった場合もアウトです。

勝敗はあるのですが、勝ち負けよりは、面白い句を楽しむゲームです。ぜひ、教室でお試しください。

⑪ バラバラ五・七・五

バスの中でよくやる「いつ」「どこで」「だれが」「だれと」「○○をした」「そして、××になった」というゲームがあります。

それぞれの部分を担当する人を決め、六人の書いた部分を合わせて一つの文章をつくります。たとえば、「来年の今頃」「トイレで」「中村先生が」「森脇くんと」「追いかけっこをした」「そして、平和が訪れた」などの文章が出来上がります。

意味不明の文章に大爆笑。誰でもこのゲームを経験したことがあるのではないかと思います。

その五・七・五版もオススメです。

① クラスを三つに分ける。そして、それぞれ最初の五音、真ん中の七音、最後の五音のどの言葉を担当するか決める。
② 子どもたちは自分が担当する言葉を紙に書く。
③ 最初の五音、真ん中の七音、最後の五音に分けて紙を集める。そして、それぞれの束をシャッフルする。

④ 教師がそれぞれの束から一枚ずつ取って、読み上げる。
⑤ 「がんばろう」「楽しくないな」「踊ってる」など訳の分からない句ができる。
子どもたちは大笑い。

たとえば、次のような川柳が完成します。

俺ん家で　いろんなもので　あははは
4時間目　楽しくないな　踊ってる
ドラえもん　金平糖を　天国で
がんばろう　ゴリラみたいに　本気だぜ
音楽祭　楽しかったよ　文化祭
うんざりだ　難しかった　天国で
消しゴムが　嫌なのにね　サッカーを
先生は　鉛筆削り　楽しいな
桜咲き　すぐ捕まって　飛んでいく
ランドセル　楽しくやって　面白い

コツは、三枚を取って、一気に読み上げること。読み聞かせる度に笑いが起きること間違いなしです。

笑いながら、五・七・五のリズムに慣れていけるといいですね。

⑫『イラスト子ども川柳』の読み聞かせ

昔から私が大好きな本に、『イラスト子ども川柳』（全三巻、熊田松雄編、汐文社）があります。「サラリーマン川柳」の子ども版といったところでしょうか。

この本は、今も教室に置いてあります。子どもたちが手に取って笑顔で読む姿もよく見かけます。

しかし、今、ネットで調べてみると、絶版のよう。一九九五年刊行のようですので、三十年以上前の本かあ……まあ、仕方ないですね。でも、中古では買えるようなので、あなたの教室にも、ぜひ、置いてみてください。

私は川柳に興味をもたせるために、この本の読み聞かせをよくしています。

「今日は小学生のつくった川柳の読み聞かせをします。川柳の条件は、たった一つ。五・七・五の十七音でつくることだけです。では、読み聞かせ、スタートです。まず、ダジャレでできた川柳を紹介します」

- 忍者見た　いったい忍者は　何人じゃ
- ゆうれいが　食事する店　うらめしや

・ばーちゃんが　池に落ちたぞ　ばっちゃん!!
・肝臓を　腹から取ったら　いかんぞう
・ハンバーガー　なかみがなければ　パンバッカー

小学生、特に低中学年の子は、ダジャレが大好き。早くも爆笑の渦になります。

「どの作品もダジャレをうまく使っています。みなさんもダジャレを知っていますよね。どんなダジャレでも川柳がつくれそうですね」

これで、ツカミはバッチリです。

「次は、お母さん、お父さんをネタにした川柳を紹介します」

こう言って、さらに読み聞かせを続けます。

・お母さん　電話になると　声かわる
・お母さん　ひとりかくれて　ケーキ食う
・お父さん　自分のいびきで　目がさめる
・お母さん　人の前では　ツノ出さず
・お父さん　へをする時は　しりあげる

子どもたちは笑いながら聞いてくれます。

「お父さん、お母さんの家での様子をよく見てますよね。笑った人は、自分のお父さん、お母さんに思い当たることがあったんじゃない？」

こう言うと、強い反応があります。

「うちのお母さんもねえ。私が夜、トイレに起きたら、お菓子食べてた」

など、自分の体験を話し始める子も多くいます。その話が面白くて、また、みんなで大笑いです。

「次は、学校生活をネタにした川柳です」

- だれかさん　机の中に　パンがある
- 発表で　チャックあいてて　はじをかく
- はらへった　時計を見たら　２時間目
- 下描きが　よくても絵の具で　ぐっちゃぐちゃ
- デンタクで　宿題すると　ぜんぶマル
- 参観日　問題わからず　手をあげる

イメージしやすいのか、どの川柳も大ウケです。また、自分のことだと感じる子も多いよう。たとえば、「机の中」の川柳の後、Aくんが、

「あっ、俺のことじゃあ！」

と声を上げました。それがおかしくて、また、みんなで大爆笑です。

「どれも学校での出来事について、面白おかしく書いてあります。このように身の回りのことをテーマにすれば、川柳づくりは簡単です」

こんな説明をして、「川柳づくりは簡単だ」というイメージをもたせるようにします。

「最後に先生のお気に入り川柳、ベスト5を紹介します」

こう言って、第五位から発表していきます。

第五位　おさいふを　買ったはいいが　金がない
第四位　やめましょう　こたつでオナラは　いけません
第三位　百科事典　部屋にあっても　かざりもの
第二位　桃太郎　桃から生まれる　はずはない
第一位　うちの犬　ぼくよりいいの　食っている

一つ発表しては、少し説明を加えます。たとえば、「やめましょう」の句の後です。

「みなさんは経験ありませんか？　くっさいですよね。先生の家では、誰が座っている所の布団を開けるか、いつもケンカになります」

こんな説明にも笑いが起きます。やはり、川柳は楽しいのが一番ですね。

「これらの川柳は、『イラスト子ども川柳』という本に載っています。教室に置いておくので、ぜひ、読んでみてくださいね」

こう言っておくだけで、『イラスト子ども川柳』は人気の本になります。競うように本を借りて読んだり、お気に入りの川柳を友達に紹介したり。こんな姿が見られます。

また、特に言った訳でもないのに、自主学習帳などに川柳をつくってくる子が出てきます。やはり、自分でつくってみたくなりますよね。

それらの作品を学級通信で紹介すると、ますます川柳をつくってくる子が増えます。

『イラスト子ども川柳』、教室に川柳ブームを巻き起こす優れた一冊です。

＊この本の改訂版『言葉がひろがるイラスト子ども川柳』(全3巻、熊田松雄編、高村忠範、多屋光孫、岩間みどり絵）が新発売されたそうです。朗報ですね！

2 本格的でなくても俳句にしちゃえ

① 新学期の目標を俳句にしちゃおう

川柳づくりで五・七・五に慣れたら、いよいよ俳句づくりに挑戦です。

しかし、俳句も難しく考える必要はありません。五・七・五に季語を入れれば立派な俳句になるのです。

正直に言えば、私は小学生に本格的な俳句をつくらせる必要はないと考えています。

「五・七・五って、なんか気持ちいいな。心地いいな」

「川柳や俳句をつくるのって、なんか楽しいな」

川柳づくりや俳句づくりを通して、「なんか」こんな思いをもってくれれば、十分ではないでしょうか。

ということで俳句づくりは本業の俳人・武馬氏の第2章に任せることにして、私は少しだけ俳句づくりについて書かせていただきます。

簡単に俳句をつくらせるには、季語を決めてしまうのが一番です。

俳句づくりの入門として、一番お手軽なのが、「新学期」という季語。四月の最初にピッタリですしね。音数も五音なので、上五（上の五音）を「新学期」に決めてしまえば、子どもはとってもつくりやすいです。

新学期に一年間の目標を書かせるクラスも多いですよね。要は、その目標を五・七・五で書かせようというだけです。

たとえば、子どもたちは次のような俳句を完成させます。

新学期　忘れ物０（ゼロ）　今年こそ
新学期　五キロ走るぞ　朝起きて
新学期　テスト平均　九十以上

これらの俳句は、目標として短冊《たんざく》（俳句を書く細長い紙）に書き、一年間掲示してもい

いですね。新年度最初の参観日の掲示物としてもオススメです。何より時間をかけず、手軽につくれます。

ちなみに、これらの俳句は、全て上五と下五*を入れ替えても成り立ちます。

たとえば、

新学期　忘れ物０　今年こそ

の句は、

今年こそ　忘れ物０　新学期

にしてもいいですよね。「朝起きて　五キロ走るぞ　新学期」もいい感じの句になります。上五と下五を入れ替えさせてみると、違った味わいになるのを実感させることができますね。

＊一般的には、上の五音を上五《かみご》、真ん中の七音を中七《なかしち》、下の五音を下五《しもご》といいます。

②　春、「遠足」の俳句をつくろう

子どもたちは遠足を楽しみにしているものです。そこで、「遠足」という春の季語を使って、俳句をつくらせるといいですね。

「来週の水曜日は、いよいよ遠足です。遠足、楽しみだよね。『遠足』は実は、春の季語なんだよ。その楽しみな気持ちを『遠足』という言葉を入れて俳句にしてみよう」

こんな大ざっぱな説明でも、子どもたちは遠足に対していろいろな思いを持っています。抵抗なく、次のような句を完成させます。

> 遠足の　おやつ交換　楽しみだ
> 遠足が　楽しみすぎて　眠れない
> 遠足だ　大空笑顔　楽しそう

もちろん、遠足に行った後でもＯＫです。

「遠足で起こった出来事、見たもの、感じたことなど、なんでもいいのでたくさん箇条書きしてごらん」

と指示します。そして、そのメモをもとに、「遠足」という季語を入れて五・七・五にまとめさせるのです。

こちらは、さらにつくりやすいですね。

すべり台　おしりがかゆい　遠足よ
遠足で　興奮してね　こけちゃった
お弁当　待ちに待ってた　遠足で
遠足の　途中飲むお茶　むちゃ最高
遠足に　楽しい思い　背負ってく

子どもたちは、どんどん俳句をつくります。そして、こんな名句をいくらでも完成させます。

出来上がった俳句はお互いに紹介しあうといいですね。すると、楽しかった遠足の思い出をふり返らせることができます。

③　夏、「夏休み」の俳句をつくろう

春以外の季節も、まずは、季語を指定するといいでしょう。

たとえば、「夏休み」は、夏の季語です。

「去年の夏休みを思い出して、したこと、見たもの、感じたことなど、なんでもいいので　たくさん箇条書きしてごらん」

こう言って、夏休みの思い出を箇条書きさせます。そして、その箇条書きをもとに、「夏休み」を入れた俳句をつくらせるのです。

たとえば、次のような俳句が完成します。

> 夏休み　ラジオ体操　あくびする
> 黒くなり　白い歯目立つ　夏休み
> 夏休み　家族と共に　新潟へ

もちろん、夏休み明けにも使えます。その場合には、次のような形でクラスみんなの前で発表させるといい

でしょう。

私の夏休みの一番の思い出は、ディズニーランドに行ったことです。思い出を俳句にしました。聞いてください。

「夏休み　私のアイドル　ミッキーに」

「夏休み　私のアイドル　ミッキーに」（他の子みんなで声を揃えて）

ありがとうございました。

そうすれば、立派な夏休みの報告会になります。発表の後、一分間の質問タイムを設けてもいいですね。

ちなみに、「プール」「花火」「キャンプ」「日焼け」などは、夏の季語です。「夏休み」とこれらの季語を使うと、二重季語（季重なり）という反則技になってしまいます。

だから、他の季語、夏を感じさせる言葉を入れた場合は、「夏休み」を使わないようにさせるといいですね。たとえば、「逃げちゃった　花火の音で　妹が」のようにです。

まあ、小学生なので、二重季語の反則もＯＫかな。そんなこと気にせずに楽しくつくるのが一番ですね。

④　秋、「運動会」の俳句をつくろう

「運動会」は、秋の季語です。「運動会」という言葉を入れて五・七・五にまとめさせれば、立派な俳句ができあがります。

私が勤務する山口県では、秋に運動会を実施する学校がほとんどでした。しかし、ここ数年、暑さ対策で春に実施する学校も増えています。今年のように五月が暑いと、意味ないとも思えるんですけどね。

まあ、春に運動会を実施した学校は、運動会の思い出をもとに俳句をつくらせるといいでしょう。

たとえば、次のような俳句ですね。

うれしいね　お母さんいた　運動会
運動会　大玉転がし　お相撲さん
運動会　チーターよりも　速くなれ

私の勤務する学校は、秋に運動会を実施しています。そんな学校では、思い出ではなく、

意気込みを俳句にまとめるのも面白いです。

「今週末は、いよいよ運動会です。運動会に向けての意気込みを俳句にまとめてみましょう。『運動会』は秋の季語です。『運動会』という言葉を入れてつくれば、立派な俳句になりますよ」

こんな簡単な説明でも、子どもたちは次のような俳句を完成させます。

> 思い出を　笑顔で楽しめ　運動会
> 見せつけろ　選手の走りを　運動会
> 運動会　全力踊れ　ソーランを

これらの俳句は、運動会の前日に学級通信で紹介します。そうすれば、運動会に向けて、子どもたちのやる気をアップさせることができますね。

運動会の前でも後でもＯＫ。「運動会」という季語は子どもたちに俳句をつくりやすくさせてくれます。

⑤ 冬、季語を決めてつくらせよう

冬ぐらいになると、子どもたちに季語を決めさせてもいいですね。

といっても、冬の季語には「大晦日」「お正月」「お年玉」「初詣」「クリスマス」などなど、子どもたちが誰しも経験する行事が多くあります。そのため、子どもたちも、とっても俳句がつくりやすいです。

「冬休みには、『クリスマス』『大晦日』『お正月』など、いろいろな行事がありましたよね。これらは、全部、冬の季語です。それらの思い出を俳句にしてごらん」

こんな簡単な説明に子どもたちはどんどん俳句を完成させます。

初詣　鐘を鳴らして　願いごと
お年玉　光る小銭に　目も光る
年越しで　蕎麦をかきこみ　夢の中
スキーやる　すべって転んで　初笑い
着物着る　少し苦しい　初詣
大晦日　心の中も　掃除時

季節感のある行事が多い冬が一番子どもたちの俳句づくりに向いているようです。

⑥ 好きな季節はいつですか？

季語を自由に選んでも、簡単に俳句をつくらせる方法があります。たとえば、「好きな季節はいつですか？」です。

まず、春、夏、秋、冬の中から、好きな季節を一つ選ばせます。

次に、その季節にふさわしいものをたくさん書かせます。

たとえば、冬を選んだなら、こたつ、雪、みかん、おでん、たき火、マスク、お正月、お年玉などですね。

季節にふさわしいものは、たいてい季語です。その言葉を入れて五・七・五にまとめれば、立派な俳句のできあがりです。

子どもたちには、

「その季節が好きな理由を『その季節にふさわしいもの』を入れて五・七・五にまとめなさい」

と指示します。

すると、次のような俳句が完成します。

一年生　入学式に　いざ参る
スイカ食べ　種をプップと　出している
夏休み　いつも自転車　こいで行く
夜食のね　ケーキの上に　栗のせる
大晦日　時計を見れば　深夜二時

たとえば、五年生のある女の子は、好きな季節に冬を選びました。そして、その子は冬にふさわしいものとして「雪だるま」を挙げていました。聞いてみると、冬に雪だるまをつくったのが、すごく楽しくて思い出に残っているそうです。

その子は「雪だるま」にこだわって、次のような素敵な俳句を三つも完成させました。

・雪だるま　寒いの忘れ　遊んでた
・大きいな　みんなで作った　雪だるま
・雪だるま　みんな作ろう　家族分

全ての子が一つの季語にこだわってつくったわけではありません。たとえば冬なら、雪だるまで一句、お正月で一句、こたつで一句、スキーで一句でもOKです。

まずは、数にこだわってつくるのがいいですね。くり返し書いていますが、子どもたちは、たくさん「量」をつくる中で、「質」も上げていくものだからです。

つくった俳句から一つ選んで、みんなの前で紹介させます。次のような形でスピーチさせました。

たとえば、「雪だるま」の俳句を三つつくった子です。

> 私の好きな季節は、冬です。好きな理由を俳句にしたので、聞いてください。
> 「雪だるま　みんな作ろう　家族分」
> 「雪だるま　みんな作ろう　家族分」（クラス全員が声を揃えてくり返し言う）
> ありがとうございました。

子どもたちはどんな俳句が紹介されるのか、興味津々で聞いていました。

⑦ 自己紹介俳句をつくろう

季語を入れて、自己紹介俳句をつくらせるのも面白いです。

まず、季語の一覧表を配ります。

子どもたちは、それらの季語の中から一つを選び、最初の五音をつくります。「桜咲く」「春風よ」「かぶと虫」「朝顔を」「秋の風」「とんぼ飛ぶ」「大晦日」「セーターや」などなどです。

そのまま五音のものもあります。また、四音なら「よ」「を」「や」などを適当に加えれば、OKです。

次に、自分の名前で七音をつくります。私のように「なかむらけんいち」の八音は字余りになりますが、気にせずにそのまま書きます。

名前が七音なら、そのままでOK。自分の名前が七音に足りない人は、「の」「が」「は」「なら」「です」などの言葉を適当に加えて、七音にします。

最後に選んだ季語と自分の名前を組み合わせて、適当に最後の五音をつくります。

さっきから「適当に」という言葉が続いて、気になった方もいらっしゃるでしょう。

しかし、この「適当に」がいいのです。「適当に」組み合わせてみると、意外に素敵な句ができあがります。たとえば、次のような句です。

桜咲く　安本直和　誕生日
手袋は　阿部美由紀のね　必需品
天の川　村本涼馬が　流れてる
クリスマス　佐藤絵里香は　早起きだ
ひまわりの　田村良助　背を超えた

二二頁の自己紹介川柳と比べてみても、洗練された俳句に仕上がっている感じがしませんか？

実は、これ、「とりあわせ」の技法を使っています。「とりあわせ」とは、いくつかの言葉を組み合わせ、互いに響き合わせることです。自分の名前と一見関係のない季語との「とりあわせ」が面白い俳句に仕上げてくれます。

子どもたちも「適当に」つくった俳句が意外にいけていることに満足しますよ。

＊第2章には、武馬氏の自己紹介俳句の授業もありますので、参考にしてください。

⑧ 簡単句会を楽しもう

これまで、いろんな川柳や俳句のつくらせ方を紹介してきました。

せっかく子どもたちがつくった作品です。句会をして、お互いの作品を鑑賞し合うことをオススメします。

といっても、本格的な句会ではありません。教室で簡単に取り組める「クラス句会」の方法を紹介しましょうね。

① 子どもたちに一人に一枚、細長い紙（短冊《たんざく》）を配る。子どもたちはその紙に自分のつくった川柳や俳句を一つだけ書く。名前も書く。

② 教師はその紙を集め、五作品ずつの束にする。そして、その束の一つを取り、五作品をクラスみんなに読み聞かせる。名前は読まない。

③ 子どもたちは五作品の中から一番良かったと思う作品に手を挙げる。投票でブロック（束）代表作品を決める。

④ 同じように、全ての束を読み上げ、それぞれブロック（束）代表作品を決める。

⑤ それぞれの束のブロック代表作品を全てもう一度読み聞かせる。投票でクラ

スの最優秀賞を決める。

どうです？　これなら、簡単に句会が楽しめそうでしょう？

ちなみに、私のクラスでは、句会はものすごく人気があります。それぞれの束の代表作品を決める、クラスの最優秀賞を決めるというゲームになっているからでしょう。

教師は句会の間、一切評価のコメントを言いません。どの作品を選ぶかは子どもたちの感性に任せましょう。

ただし、子どもたちが選ばなかった作品の中に、きらりと光る作品があります。それらは、学級通信で教師のコメント付きで紹介します。「この作品は、ここが優れているんだよ」と。

こうやって、子どもたちの川柳や俳句を見る目を鍛えていくのも、もちろん大切なことです。

ただ、句会は、ゲーム。教師が誘導すると、楽しくありません。やはり、句会の間は子どもたちの感性に任せるのが一番ですね。

⑨　句会のもう一つの楽しみ方

各ブロック（束）の代表作品が決まり、クラスの最優秀作品が決まります。

ここからが、句会のもう一つのお楽しみです。

句会のお楽しみの一つに、「匿名性」が挙げられます。子どもたちはブロック代表作品や最優秀賞が誰がつくった作品なのか知らないのです。

そこで、簡単なクイズです。次のように指示します。

「全員、起立！　Aブロック代表の作品『お年玉　年に一度の　大儲け』は誰のつくった作品だと思うか？　隣の人に小さな声で言ったら座ります」

子どもたちは思い思いに自分の予想を言って、座ります。全員が座れば、正解発表。

「実は、この句をつくったのは、この人でした」

こう言って、作者を立たせます。すると、「え〜！」と驚きの声が。実は、このユニークな俳句は、真面目な女子がつくったもの。子どもたちは、元気な男の子がつくったと予想していたのです。

このように、子どもたちは、意外な子が意外な句をつくっていたことに驚きます。

たとえば、「秋」をお題にした句会で、次のような俳句がクラスの最優秀賞に選ばれました。

もみじ散る　ベンチで一人　友を待つ

この素敵な句は、クラスの優秀な女子がつくったと予想した子がほとんどでした。

しかし、実際は、クラス一のやんちゃな男の子がつくったもの。

「正解は、この人でした！」

そのやんちゃ君が立つと、「え〜！」と驚きの声。

クラスは騒然とします。やんちゃ君は得意の表情です。誰も正解者はいません。

こういう意外性が句会の楽しさの一つなのです。

最優秀賞、二位、三位の句を誰がつくったか？

クイズにして、正答数を競うのも楽しいですね。

先ほども書いたように、私のクラスでは、句会は大人気です。ゲーム性と共に、この誰がつくったか？

クイズもその人気を支える一因ですね。

コラム1　拗音（きゃ、きゅ、きょ）、促音（っ）、長音（ー）は一音？

日本語は、木（ki）のように、基本的に一つの子音（k）と一つの母音（i）で一音（き）に読みます。しかし、このようにきれいに一音にならない場合があります。これは、中国やヨーロッパなどから外来語が入ってきたためです。

俳句は、和語に限らずどんな言葉でもどんどん取り入れて発展してきた定型詩ですので、こういう疑問が生まれます。例：**花鋏チューとリップに切るなんて　芳野ヒロユキ**

・**拗音**（きゃ、きゅ、きょ）は、仮名二字で表しますが、一音に数えます。一つの子音と二つの母音でできていますが、一音で読みます。そのため少し早く読む感じになります。　例：キャベツ　九（きゅう）　生姜（しょうが）

・**促音**（っ）は、一音分空けることですので、一音に数えます。

例：学校（がっこう）　落花生（らっかせい）　パイナップル

・**長音**（ー）は、母音を一音分足すことですので、一音に数えます。

例：コート　ローズ　ブローチ

第2章
目が覚めるほど面白い俳句の読み方、楽しみ方

この章のテーマは、俳句の読み方を分かりやすく説明することです。とりわけ、子どもたちの俳句の読み方に力をそそぎました。

大人と変わらない、子どもたちの俳句の素晴らしさを発見していただけると嬉しいです。

教科書によく取り上げられる二十四節気《にじゅうしせっき》についても、各節気の俳句を例に挙げ、詳しく説明しました。

1 教科書に出てくる俳句をさらに深く、面白く読もう

① 世界を美しく飾る ――荘厳《しょうごん》――

一

古池や蛙飛《かわずとび》こむ水のおと　　松尾芭蕉

手元にある光村図書出版の『国語三上わかば』（平成二十八年）では、この松尾芭蕉（一六四四―一六九四）の俳句は、「ひっそりとしずかな古池に、かえるが飛びこむ水の音が聞こえた」となっています。少しの字数で、俳句の説明をしなければならないので、しかたがないかもしれません。

しかし、授業では、もう少し踏み込んで俳句の面白さを伝えたいものです。

「ひっそりとしずかな古池に、かえるが飛びこむ水の音が聞こえた。」それはそれで正確なのですが、なにかものたりません。

水の音は、聞こえるだけではありません。しずかな古池にしずかに響くものです。これは、なんでもない音ですが、この古池にしずかに響く何の汚れもない音が、しずかな古池を美しく飾ります。音がおさまったあとのしずまり返った古池は、蛙が飛びこむ前の古池より新鮮に感じられるのです。

「古池や蛙飛こむ水のおと」と俳句を読んだあと、しばらくしずかにしてみてください。新鮮な古池のイメージが浮かんでくることでしょう。これが余韻です。

教科書は、送り仮名が常用漢字表に基づいた「古池や蛙飛びこむ水の音」ですが、ここでは、『日本古典文学大系』（岩波書店）の「古池や蛙飛こむ水のおと」によりました。表記の違いで大切なことは、「音」か「おと」か、ということです。私としては、「音」とするよりも「おと」の方が、水からおとが生まれる感じがしますので、ひらがな表記を取りたいと思います。

ちなみに、この俳句の蛙は何匹か、という議論がありますが、何匹かなど気にする必要はありません。

古池の句を読むとき、この句の蛙が何匹か考えて読む人は、おそらくいないでしょう。ほとんどの人は、そのまま「古池や蛙飛こむ水のおと」と、何の疑いもなく読むのではないでしょうか。

それでよいのです。

俳句は、ご覧の通り、五七五に乗って言葉が並べられたものです。この蛙は、五七五に乗って並べられた言葉の世界に住む蛙です。現実の世界の蛙ではありません。三匹とか五匹とか書かれていないのなら一匹で十分です。

かれ朶《えだ》に烏のとまりけり秋の暮　　松尾芭蕉

という俳句がありますが、誰も何羽か問題にしません。それと同じです。

二

芭蕉の俳句とよく似ているのが、次の正岡子規（一八六七―一九〇二）の俳句です。

柿くへば鐘が鳴るなり法隆寺　　正岡子規

おいしい旬の柿を食べれば、うれしいひとときがおとずれます。そのとき鐘が鳴ったのです。鐘の音は、そのうれしいひとときをいっそう美しく飾りました。

その鐘の音は、聖徳太子が開いた貴い法隆寺の鐘の音だったのです。秋の日の幸せなひとときがここにあります。

ふつうは、柿を食べることと、鐘の音との関連はあまり問わないようです。

三

現代の俳句でもこのように読むとよくわかり、より面白く読める俳句があります。

教科書に取り上げられているかどうか定かではありませんが、次のような俳句があります。石田波郷《いしだはきょう》（一九一三―一九六九）の俳句です。

立春の米こぼれをり葛西橋　　石田波郷

太平洋戦争直後の食糧事情の厳しい昭和二十一年の俳句です。そこで、ふつうは「ほんの少しの橋にこぼれた純白の米が、ひもじい人の目を引き付ける。しかし、そのひもじさももう終わる。希望の春がもうすぐそこに来ているのだ」といったふうに読まれています。

はたしてそうでしょうか。

「立春の米」とありますから、春立つおめでたい日に選ばれた白い米です。そのおめでたい立春の白い米が葛西橋《かさいばし》にこぼれているのです。先ほどの芭蕉と子規の句の読み方を思い出してください。

この句は、春の始まりを寿ぐ立春の白い米が、別の世界へと橋渡しする橋というものを美しく飾っている、といったふうに読めないでしょうか。

立春の光を受けた白い米が、命が芽吹き、あふれる春につながる橋を美しく飾っているのです。

その美しく飾られる橋は、ほかでもありません。立春の春を受け、葛若葉を思い起こさせる葛を名にもった葛西橋なのです。

「立春の日に白い米が葛西橋にこぼれていた」というように読んでは、身も蓋もありません。俳句は、書かれている通りに読まなければなりません。また、書かれている通りに読むと、俳句の面白さが見えてきます。

ちなみに波郷はこのころ葛西橋近辺に住んでいました。葛西橋は東京の荒川に掛かっている橋です。（波郷のころの葛西橋は、老朽化のため掛け替えられ、今は新しい葛西橋が掛かっています。）

しかし、住んでいたところとか、作られたのが昭和のいつごろとか知らなくても、この句は、十分名句として読めます。

このように、あるもので世界を美しく飾ることを私は荘厳《しょうごん》と呼んでいます。仏教の言葉です。仏の世界やお寺のお堂の中を美しく貴く飾ることです。

私が一～三で述べたように荘厳の観点で俳句を読んでいただければ、今まで面白さがわからなかった俳句の面白さが、いくつも発見できると思います。

② 痩せ蛙とうさぎ ―俳句と鳥獣戯画―

痩せ蛙まけるな一茶これにあり　　小林一茶（一七六三―一八二七）

この一茶の痩せ蛙の俳句を読んでいて、鳥獣戯画を思い出しました。鳥獣戯画では蛙とうさぎが相撲を取っていましたが、この俳句でも「痩せ蛙まけるな一茶これにあり」という表現から、相撲を取っていることがわかります。

蛙はもともと裸なのに、「痩せ蛙まけるな一茶これにあり」によって擬人化されています。すると、回しをした裸の痩せた力士の蛙がイメージされます。不思議です。俳句は五・七・五という小さな器ですが、その器の中の言葉は、一つひとつが自由にふるまっているかのようです。

私たちは、その言葉たちの自由なふるまいをしかと見届けなくてなりません。俳句を読むとは、何を見届けるかにかかっています。先に、私は鳥獣戯画を思い出したと言いましたが、ほかの何かをこの俳句をきっかけに思い出してもよいのです。

ちょうど手元にある光村図書出版の『国語六創造』（平成二十八年）に、アニメ作家高畑勲さんの「『鳥獣戯画』を読む」という文章がありました。六年生になったら、この文章を読む時、一茶の「痩せ蛙まけるな一茶これにあり」をもう一度味わってもよいわけです。『鳥獣戯画』の蛙は決して痩せ蛙ではありませんが、俳句では痩せ蛙なのです。なぜでしょう。それが、俳句表現特有のひねりなのです。

おお蛙まけるな一茶これにあり

では、句になりません。大蛙と貧相な痩せ蛙が相撲を取れば、体格差で貧相な痩せ蛙が不利であることは目に見えています。だからこそ、一茶は貧相な痩せ蛙に勝たせたいのです。これが、ひねりです。

これは、一茶の弱い者の側に立つ姿勢であるとともに、俳句を書く場合の姿勢でもあるのです。

今、私は、ひねりと言いましたが、『鳥獣戯画』にもひねりはあります。それは、相撲を取っている蛙とうさぎは、画では、同寸で描かれていますが、同寸に描かれた蛙とうさぎには、実際の大きさの蛙とうさぎが面影となって重なって見えます。

そして、勝つのは、蛙です。うさぎが勝っては、面白くもなんともありません。勝つのは、実際は小さな蛙です。

実際は大きなうさぎは、実際は小さな蛙に負けてしまうのです。

しかも、投げ飛ばされて。これがひねりです。共に擬人法の作品です。一茶の句と『鳥獣戯画』は、よくよく味わうと同じ面白さの構造になっていることがわかります。

＊なお、一茶の痩せ蛙の俳句には「蛙たたかひ見にまかる、四月廿日也けり」といった詞書《ことばがき》（俳句に添えられた言葉）がありますが、これも暗に相撲興行を見に行くような雰囲気をかもしだそうといった趣向でしょうか。おそらく、この言葉と俳句がセットで一つの作品を一茶は作ったのでしょう。もっとも、これがなくても、俳句だけで十分楽しめますが。
ちなみに、元の俳句は、『日本古典文学大系』（岩波書店）では、

痩蛙まけるな一茶是にあり　　小林一茶

です。

③　この言葉は、なぜ上に？　この言葉は、なぜ下に？

一

桐一葉日当たりながら落ちにけり　高浜虚子《たかはまきょし》（一八七四―一九五九）
外にも出よ触るるばかりに春の月　中村汀女《なかむらていじょ》（一九〇〇―一九八八）

このような二つの俳句があります。そこで問題です。

桐一葉日当たりながら落ちにけり　高浜虚子

では、どうして「桐一葉《きりひとは》」が一番上にあるのでしょう。反対に、

外《と》にも出よ触るるばかりに春の月　中村汀女

では、どうして「春の月」が一番下にあるのでしょう。
それを今から考えてみましょう。
わかりやすい別の句を見てみます。
河東碧梧桐《かわひがしへきごとう》（一八七三―一九三七）の名句、

赤い椿白い椿と落ちにけり　**河東碧梧桐**

これは、

落ちにけり赤い椿白い椿と

とはなりません。なぜなら、碧梧桐の句は、赤い椿と白い椿が落ちて行く様をとらえたものだからです。落ちて行くのは、上から下と決まっています。

この句と同じように、桐一葉の句も、桐一葉が、上から下へと落ちて行く様をとらえた句です。ですから、桐一葉は上にあるのです。こうすることによって、読者はリアルに無理なくこの句を鑑賞することができます。大きな桐の葉が一枚、秋の日を浴びて光りながらゆっくりと落ちて行くのです。最後の命の輝きを発しながら。

では、「外にも出よ触るるばかりに春の月」では、本来上にあるはずのものが、なぜ下にあるのか。もうお分かりですね。「触るるばかりに」があるからです。本来なら手が届かない空の上に輝く月ですが、触れるくらい近くにあるように見える大きな月なのです。狭い家の中から外へ出た時、すぐ近くに大きな暖かそうな春の月が出ていたのです。その時の感動の句です。だから、下に置かれています。

冬の月、すなわち寒月では、「触るるばかり」とは、行かないでしょう。

インターネットでは、ふつう俳句も横書きで書かれます。これでは、きちっとした鑑賞はできません。俳句は、縦書きで書かれることによって一句として成り立っているのです。また、「赤い椿白い椿と落ちにけり」は、なぜ、「赤い椿」が先で、「白い椿」が後に来ているかは、拙著『俳句の不思議、楽しさ、面白さ―そのレトリック』（黎明書房）をご覧ください。

＊五・七・五の一番上の五を上五《かみご》、真ん中を中七《なかしち》、一番下の五を下五《しもご》といいます。

二

教科書によく取り上げられる次の二つの歌も、上・下に関係がありますので、鑑賞してみましょう。まず、与謝野晶子《よさのあきこ》（一八七八―一九四二）の歌です。

金色のちいさき鳥のかたちして銀杏ちるなり夕日の岡に　　与謝野晶子

上から金色《こんじき》の小さな鳥のかたちをして銀杏《いちょう》の葉が夕日の岡へと降ってきます。これは、ストレートな歌です。しかし、金と銀とを夕日の岡に鏤め、絢爛たる世界にしたところは、さすがです。

次に、佐佐木信綱《ささきのぶつな》（一八七二―一九六三）の歌です。

ゆく秋の大和の国の薬師寺の塔の上なる一ひらの雲　　佐佐木信綱

大きなものから小さなものに下降するかのごとく焦点化し、最後に「塔の上なる一ひらの雲」と、空間的に上昇する心地よさと意外性の歌です。

④　名句の読み方

一

閑かさや岩にしみ入る蟬の声　　　松尾芭蕉

誰でも知っている名句です。

でも、なかなか、この俳句の面白さが納得できるような説明には、出会えません。

それは、書いてある通りにこの句を読まないからだと思います。書いてある通りにすなおに読めば、おのずとこの句の面白さを味わうことができます。

まず上から「閑《しず》かさや岩にしみ入《い》る」と読みます。「ああ、なんというしずかさだ。限りなくしずかさが、固い大きな岩にしみ込んで行く」と。

次に「岩にしみ入る蟬の声」と読みます。「そのしずかさがしみ込んだ固い岩に、しみ込んで行くのだ蟬の鳴き声が」となります。

まとめますと、

①　　　　　　　②
閑かさや岩にしみ入る蟬の声

と二重に読むわけです。

蟬噪蛙鳴《せんそうあめい》と言われるように、騒々しいことの代表格の蟬の鳴き声を持ってきて、蟬の鳴き声がしずかさの塊になった岩にしみ込んで無と化して行く様を表現したのです。

蟬の声が固い岩にしみ込んでいくことに違和感を覚えないのは、その前に、「閑かさや岩にしみ入る」という納得のフレーズがあるからです。これが、俳句的レトリック（言い回し、言葉の仕掛け）です。

しずかさの極致を堪能できる俳句です。

二

では、次の名句はどうでしょう。

菜の花や月は東に日は西に　　　**与謝蕪村《よさぶそん》**（一七一六—一七八三）

まず、「菜の花や」の切れ字「や」の働きによって、一面黄色に咲いている菜の花だけが現れます。その菜の花の黄色に引かれて黄色く光る月が東に昇ります。

そして、沈むお日様を西に置くことによって、東の果てから西の果てまでどこまでも咲き広がる菜の花の姿がいっそうリアルに出現します。春の夕暮れの夢のような世界です。

なお、や・かな・けりは切れ字といっても、もともとは深い感動（詠嘆）を表す言葉です。この句なら、「菜の花や」は、「すばらしい。一面菜の花だ！」となります。ここで、いったん切れます。それから、先に述べましたように次の七・五を呼び起こすわけです。

三

近代の名句を読んでみましょう。これも美しい俳句です。

眼にあてて海が透くなり桜貝　　**松本たかし**

「眼に当てると海がまるで透けて見えるようだ。桜貝の貝殻は」といった意味です。

青い海がピンク色の薄い桜貝の貝殻から透けて見えると言ったところに、面白さがあります。ピンクの桜貝の向こうに見えた青い海とはいったいどんな海だったのでしょう。

桜貝というメルヘンチックな名前とあいまって、私たちの住んでいるこの世界とはちがった美しい別の世界の海のような気がしてきます。

作者の松本たかし（一九〇六―一九五六）は、宝生流の能役者の家に生まれましたが、病弱なため俳句に専念しました。

もう一句同じ作者の桜貝の俳句を紹介します。

ひく波の跡美しや桜貝　　**松本たかし**

波が美しい跡を残してひいて行きます。その美しい跡に残された美しい桜貝。「ひく波」の引くがひくと平仮名になっているのが、また美しいです。

俳句は、書く時も読む時も一字一句おろそかにできません。

⑤　いのちの俳句

一

教科書によく取り上げられる俳句に、次の二句があります。ともによく知られた俳句です。内容も読んだ通りでわかりやすく、季節の感じもよく出ています。読むとなんだかよい気持ちになります。

春の海終日《ひねもす》のたりのたりかな　**与謝蕪村**

一面春の海です。その春の海が明るい暖かな春の光を浴び一日中、のたりのたりと波打っています。「のたりのたり」からうける感じがこの句の勘所です。たんにゆっくり波がうねっているだけでなく、なにか大きな生き物がしずかにゆっくりゆっくり動いているように感じませんか。これは、春の海の持つ限りない生命力の現れではないかと思えてなりません。

生命力といえば、次の一茶の俳句もその観点で読めます。

雪とけて村いっぱいの子どもかな　　小林一茶

この俳句の眼目は、「いっぱいの」という言葉です。これは、たんに子どもがたくさんという意味に止まりません。あふれんばかりの生命力を意味しています。冬の雪から解放された子どもたちの生命力が、この「いっぱいの」という言葉に込められています。

雪がとけて、村にはあふれんばかりの子どもたちが、そのあふれんばかりの生命力のままに飛び回っているのです。

二

蕪村と一茶の俳句を、いのちの観点で読んでみました。では、近・現代の俳句はどうでしょう。こんな句があります。

脱ぎ捨てしくつ下ほのと暖かし　　原しょう子

脱ぎ捨てられた子どものくつ下。それを片付けようとした人（お母さんがこの場合ふさわしいと思われます）は、くつ下にまだ少し残っていた暖かみを感じました。その暖かみとは、その人の子どものいのちの暖かみにほかなりせん。と、このように読みます。

この俳句に無理に季語を探そうとすれば、春の季語、「暖か」です。しかし、この句は春の暖かさを詠んだ句ではありません。脱ぎ捨てられたくつ下に、春の暖かさを感じた句にしてしまっては、この句が泣きます。

無季の句でよいのですが、季節の句として読みたい人は、冬の句として読むのが自然でしょう。一句に季語がなくても、季節の感じ（「季感《きかん》」といいます）があればＯＫという立場の人もいます。

少し前の俳人たちの俳句もいくつか読んでみましょう。

まずは、すすきを詠んだ名句です。秋の俳句です。

をりとりてはらりとおもきすすきかな　　**飯田蛇笏《いいだだこつ》**（一八八五―一九六二）

意味は、「すすきを折り取ってみると、軽やかに私の手にしなだれかかったかに思えたが、その意外なおもさにはっとしたことだ」とでもなりましょうか。

では、このすすきの「おもさ」とは一体なんでしょうか。それは、すすきの持ついのちのおもさであると、『合本・名句の美学』（黎明書房）で西郷竹彦は言っています。軽いと思われたすすきのおもさ、すなわちいのちのおもさに触れた時の感動が、この美しい句の姿と言葉の響きによって表されました。まさに名句です。

ちなみに、この句はすべてひらがなで書かれています。このひらがなの姿形《すがたかたち》は、銀色に穂をなびかせるすすきの姿形を彷彿とさせます。

次は初蝶です。

ゆたゆたと大き白さよ初蝶なり　　**林原耒井《はやしばららいせい》（一八八七—一九七五）**

ゆっくりゆらゆら揺れながら大きな白さが向こうのほうからやって来ます。その大きな白さは、よく見ると初蝶でした。そして、さらによく見ると、ゆたゆたと来るその大きな白さは、この世に生を受けたばかりの初蝶の汚れないいいのちの輝きでした。

初夏の食べ物、筍にはこんな句があります。

筍の光放つてむかれをり　　**渡辺水巴《わたなべすいは》（一八八二—一九四六）**

おいしそうな筍（竹の子）なので、いそいそと皮を剝きました。そうしたら、光を放ってみずみずしい筍の白い中身が現われて来たのです。その光は、筍のいのちの輝きでした。作者は、大正時代に活躍した俳人です。

このように、この俳句はどのような時に、どのようなことを詠んだのかという説明に満足せず、個々の俳句の持つ豊かな内容にまで一歩踏み込んで味わうと、俳句もきっと喜ぶと思います。

＊教科書の古典俳句の表記は、現代の一般的な表記法に基づいていますので、もともとの表記とちがっている場合が多いです。ご参考までに、『日本古典文学大系』（岩波書店）の表記をご紹介します。

春の海終日《ひねもす》のたり〲哉

雪とけて村一ぱいの子ども哉

⑥ 米洗ふ前に蛍の二つ三つ
―「に」か「を」かを問うばかりでなく―

授業で扱われる俳句で人気のあるものに、次のものがあります。作者不詳です。

A　米洗ふ前に蛍の二つ三つ
B　米洗ふ前を蛍の二つ三つ

どちらが面白いかというものです。

答えは、Bということになります。

その理由は、「米洗ふ前に」では、米を洗う人の前の蛍は、静止しており、「米洗ふ前を」では、米を洗う人の前の蛍は、動いているというものです。日本語のいわゆるテニヲハの妙、大事さを教えるにはうってつけの教材というわけです。

まあ、止まっているより動いているほうがダイナミックで面白いというわけです。

しかし、ここでこの句の鑑賞を終わっては、理屈で読んだことになります。

問題は、AとBとどちらが美しい世界かということです。

「動いているから面白い」ではなく、可憐な蛍が明滅しながら二つ三つ飛び交うさまが美しいから、Bの句が面白いのです。そして、その美しさは、暗い夜中に明日の朝炊くために米を洗う人の目を楽しませ、慰めるのです。

それから、この句にまつわる逸話が、「に」か「を」かどちらがよいかの話に終始しており、この句全体の鑑賞になっていないことを残念に思います。

この句は、暗い夜中に飛び交う蛍が米を洗う人の目を楽しませているばかりでなく、米を洗う人の前を飛び交う蛍の光は、白い米粒の二つ三つを一瞬浮かび上がらせるのです。

蛍の光ごときで米粒が照らされて見えるはずがないと、言わないでください。一瞬見えては消える白い米粒の美しさを、この句が見せてくれるのです。

これが、この俳句の力です。

コラム2

俳句は縦書きで書こう

俳句は、一行棒書きで書かれることで、文芸作品として成り立っています。たとえば、後藤夜半の滝の俳句で、

瀧の上に水現れて落ちにけり　**後藤《ごとう》夜半《やはん》**（一八九五―一九七六）

があります。滝そのものを詠んだ句として名句の誉れ高い句です。

瀧の上に水現れて落ちにけり

これを、上のように横書きで読んだらどうでしょう。

滝の上に現れた水が落ちて来る感じがまったくしないのでは、ないでしょうか。

実は、この句の名句たるゆえんは、ここにあるのです。五七五に書かれたことと、この俳句の姿形《すがたかたち》が見事に一致しているのです。

だから、この俳句を鑑賞した人は、「これ以上にパワフルな滝の姿を正確に詠んだ句が他にあるだろうか」（清水哲男）となるのです。

まさをなる空からしだれざくらかな

この句だけではありません。

まさをなる空からしだれざくらかな　富安風生《とみやすふうせい》（一八八五―一九七九）

もそうです。この真っ青な空（上）から下へ垂れてくる枝垂桜を詠んだ美しい句は、横書きにすると、無残なものです。

俳句はこのようにして、本来縦書きで書かれるべき日本語の性質と対応しているのです。

今日、ネット上で横書きで俳句は書かれることは多いのですが、これは鑑賞には適していません。

先生方にお願いします。どうか俳句を横書きで書かないでください。

第２章の「３　子どもたちの俳句を楽しく、面白く、深く読もう」で詳しく書きましたが、子どもたちの俳句も、著名俳人の作る俳句となんら変わることはありません。

横書きの学級通信などでも、俳句は、縦書きにして紹介してください。

2 俳人、小学校で、俳句の授業をする

―「自己紹介俳句をつくろう」―

小学校五年生のクラスで俳句の授業をしました。子どもたちと出会うのは初めてです。テーマは、「自己紹介俳句をつくろう」です。一番身近なもの、自分の名前を使って俳句を楽しく作ることが、ねらいです。

少し前に雪が降った一月の寒い日でした。

では、当日の授業の展開をお楽しみください。

（コピー用紙を横に八等分に切った短冊を、担任の先生にあらかじめ用意していただきました。）

① 僕は俳人です

「お早うございます。今から四十五分間、みなさんと一緒に俳句を作ったり、読んだりして楽しみます。僕の名前は」と言って黒板に、

武馬久仁裕

と書きました。すぐに、読み方を教えるつもりでしたが、子どもたちがこの名前に興味を持ったらしく、勝手に読み始めたので、「どう読むと思う」とクイズに。

なんと二、三回で正解！

「ピンポーン！『ぶま・くにひろ』です。俳人です。俳句を作る人です（黒板に「俳人」）」と言って、

「今までに俳人を見たことがありますか」と尋ねました。

「………（子どもたち）」

「テレビによく出てくるでしょう。プレバト。」

「なっちゃん？」とすぐに出ました。

「そうです。夏井いつきさん。彼女は俳人です。」

「僕も俳人です。夏井いつきさんは、僕の知り合いです」といって、ちょっと箔をつけてから、

「では、今から俳人の僕と一緒に俳句を作りましょう。」

「まず俳句を書く紙を配ります。」（先生に一人三枚配っていただく。）

「この白い細長い紙を短冊と言います。七夕のとき願い事を書くあの短冊です。俳句を書く紙も短冊と言います。」（黒板に「短冊」。）

② 自己紹介俳句を書く

今日は、自分の名前を入れた俳句を作ります。「自己紹介俳句」と言います。俳句で自己紹介をします。

名前は、もちろんみなさんの名前です。自分の名前を入れた俳句を作って自己紹介してください。

その前に、俳句の約束事を確認したいと思います。二つあります。言える人いますか。

すぐに子どもたちから手が上がり、順調にスタートしました。

「5音・7音・5音でつくる！」

「正解です！」例句で確認しました。こんな句で。

5	7	5
おでん食べ	**ぼくはおなかが**	**いっぱいだ**

「季語を入れる！」

「正解です！」

「季語とは季節に関係する言葉です。春なら桜ですね。その他にありますか？」（答えがどんどん出ます。）

「では、夏なら西瓜。外にありますか？」「秋ならススキ。外にありますか？」「冬なら？なにがありますか？　昨日たくさん降りました。雪ですね」と季節の順に尋ねて行きました。（答えがどんどん出ました。）

「では、５・７・５に、今は冬ですから、冬の季語と僕の名前を入れた俳句の見本を作ってみます。」

①　まず、５・７・５の一番上の５音のところに冬の季語を書きます。

例えば

雪だるま

②　その後に自分の名前を持ってきます。

雪だるま　武馬久仁裕に

③　そして、最後に、季語と自分の名前を組み合わせてこんな風に作ります。自分ではあんまり似てないと思うけど、とりあえず。

雪だるま　武馬久仁裕に　よく似てる

5（季語）　7　5

ゆきだるま　ぶまくにひろに　よくにてる

「どうですか、この俳句を読んでどう思いますか」と、雪だるまと私を比較してもらいました。結果は、……です。

「こんな俳句でもいいですね」ともう一句、例句を挙げました。

雪の中　武馬久仁裕は　立っている

「では、配ってある短冊に季語と自分の名前を組み合わせた俳句を書いてください。」

「季語は、冬の季語でお願いします。マスク、おでん、みかん、もち、こたつ、枯れ木、セーター、スキー、北風、水仙……。」

「自分の名前に合うよい季語が浮かばなかったときの裏ワザをおしえましょう。なんでもかんでも頭に『冬の』と付けるのです。冬の山、冬の家、なんでもＯＫです。」

「一句でも出来た人は僕の方に持ってきてください。」

「書いていてわからないことがあったら何でも聞いてください。」

句を作るときに聞かれたのは、名前を最初の五（上五）に持ってきてもよいかということです。もちろん、ＯＫです。それから、先に述べた裏ワザですが、子どもたちは感心はしましたが、ほとんど使いませんでした。それだけ、子どもたちが持っている言葉が豊富だったのです。

③　教室、騒然！

今回の「自己紹介俳句」の授業で一番心配だったのは、私のやり方が悪くて、子どもたちから句がでないことです。しかし、それは杞憂に終わりました。子どもたちがどんどん俳句を作って、次々持ってくるのです。

子どもたちが持ってきた順に俳句に番号を入れて、順番に黒板に書いて行きました。それを子どもたちと鑑賞して行くのです。子どもたちの名前に使われている漢字の意味と季語との響き合いは一番の味わいどころです。

ところが、持ってくる俳句が多すぎるので、書くのが間に合わず、担任の先生も見かねて手助けしてくださいました。

短冊は三枚では足りない子どもが続出です。

実は、五年生の俳句の授業を二時間続けてしたのですが、どちらの授業も四十五分があっという間に過ぎてしまいました。

④ まとめ

「季語と自分の名前を組み合わせて自己紹介俳句を書きましたが、名前の代わりにいろいろな物の名前を入れて書くと面白い俳句が沢山できます」と言って、例を出しました。

雪の中　武馬久仁裕は　立っている

←

雪の中　電信柱は　立っている

「どうですか。俳句らしくなりましたね。」

「これならどんどん作れそうですね」。

「ではこれで終わります。」

⑤　これで終わらない

とこんな風に一応終わったのですが、現実はすごいものでした。驚くほどの俳句が出されましたし、驚くほどの意見が出されました。

ア　視点

Aさんの自己紹介俳句を読んで、この俳句は、違う人がAさんのことを書いているみたいだという意見が出ました。これは、自己紹介俳句ならではの面白い現象です。作者のAさんは、自分のことを書いたのに、他の人が読むと、Aさんとは違うほかの人が、Aさんのことを書いたように思えるのです。

この現象については、この章の「３　子どもたちの俳句を楽しく、面白く、深く読もう」の「⑨　自己紹介俳句」（一二四―一二六頁）で、当日の俳句を引いてお話ししましたので、そちらのほうを読んでください。

イ　脚韻

中七（五七五の七）と下五（五七五の下の五）が、「○○○○○と」「○○○○と」と「と」という同じ音で終わっていることに気づいた子もいました。

「そのようにすると、俳句を書いたり読んだりするときに、気持ちよく続けて書いたり読んだりすることができます」と、説明しました。ついでに頭韻についても、そのときの子どもの俳句で説明しました。残念ながら、俳句が控えてありません。授業でそのような俳句に出会うかもしれません。見過ごさず、文芸の技法の一つとして説明してください。

ウ　縁語

和歌で、よく使われる技法です。関連ある言葉でつないで行く技法です。

今回の子どもたちの俳句にも出てきました。自分の名前とゆかりのある言葉がよく使われていました。

ただし、多くの場合、この技法を意図的に子どもたちが使っているわけではありません。無意識のうちにこの方が面白い、言葉の調子がよい、気持ちにしっくり行く、といったことから選び取っているのです。

それを、読者である、同じクラスの子どもたちや教師などが、楽しく面白く味わうわけです。次に述べる掛け詞も同じです。

縁語についても「⑨　自己紹介俳句」（一二四―一二六頁）で当日の例を挙げ、述べました。

エ　掛け詞

これも和歌でよく使われる技法ですが、俳句でも使われます。例えば、川端茅舎《かわばたぼうしゃ》（一八九七―一九四一）の名句、

ぜんまいののの字ばかりの寂光土　川端茅舎

は、開く前に食用にする春の山野草の一つ、ぜんまいの姿をひらがなの「の」の形で表したものですが、「のの字」の「のの」は、同時に「ののさま（仏様）」を掛けています。「寂光土」は、仏様のいらっしゃる世界です。

この掛け詞、もちろん今回の子どもたちの俳句にも登場します。「⑨　自己紹介俳句」（一二四―一二六頁）で例を挙げ詳しく述べました。

このようなことが、「自己紹介俳句」では、話題になりました。そのつど、私は、言葉の働きについて説明したのですが、子どもたちは、十分わかってくれました。

それから、うれしかったのは、授業をした五年生の子どもたちから、後日、授業の感想とお礼の言葉をいただいたことです。

最後に、子どもたちの感想を要約して紹介します。

「俳句のことを楽しく分かりやすく教えてくれたので、さすが『俳人さん』と思った」

「自己紹介俳句は知らなかったので、とても楽しかった」

「自己紹介するのはすごく楽しかった」

「他の人の名前の由来に気づくことができた」

「俳句の作り方の基本やうらわざを教えてもらったので、すらすら俳句が書けた」

「クラスの人が書いた俳句を楽しそうに評価してくれて、とてもうれしかった」

「あの授業の日から俳句がうまく書けるようになった」

「俳句にわざがあると聞いてびっくりしました」

「今まで知らなかったことを知ることができ、すごくうれしかった」

「その日、はじめて俳句の楽しさを知った」

「一生に一度の思い出です」と書いてくれた人もいましたが、私こそ、一生に一度の思い出となりました。ありがとうございました。

一人ひとりの子どもたちの俳句の読み方、味わい方は、「3　子どもたちの俳句を楽しく、面白く、深く読もう」をお読みください。すばらしい俳句ばかりです。

コラム3　俳句は、最後は分かち書きから卒業

俳句は入門期には、よく五・七・五と分かち書きにします。

それは、中村先生が書かれた第1章にありますように、俳句を学び始めた子どもたちにとっては、五音・七音・五音を自分の言葉遣いにするには、ある程度の慣れが必要だからです。

そして、五音・七音・五音で、言いたいことを完結させるにも慣れが必要です。

そこで、有効なのが、目で見て、口で言って、耳で聞くことです。

それが見事にされているのが、第1章です。

①　**五音・七音・五音を、子どもたちの目にはっきり見えるようにする。** これが、分かち書きです。たとえば、「クラス目標も五・七・五」では、班で決めた目標を黒板に、分かち書きで書かせています。このように。

誰とでも　仲良くしたら　いい気持ち（一班）

どの人も　差別をしない　4の1（二班）

……………

② **このように板書された句を、みんなでくり返し音読する。** くり返し、声を揃えて、音読し耳で聞くことによって、五・七・五のリズムを確実に身に付けることができます。五・七・五を体得すれば、俳句は簡単です。五・七・五に季語を入れれば立派な俳句になります。そして、次のような素敵な俳句ができあがります。

もみじ散る　ベンチで一人　友を待つ

ここまでできたら、分かち書きから卒業です。

もみじ散るベンチで一人友を待つ

「もみじ散るベンチ」と書くと、「もみじ散る」が「ベンチ」に掛かることがはっきりわかります。そして、そのベンチで「一人友を待つ」人の姿も見えてきます。もみじがはらはらと散るベンチで、この人は、今、一人で静かに友達が来るのを待っているのです。

俳句を五・七・五で区切ってリズミカルに口で読み、さらにその句を目で見て読むのです。こうすれば、一句を、一つの完結した奥行きのある世界として鑑賞することができます。

3　子どもたちの俳句を楽しく、面白く、深く読もう

私は、二年前の一月、名古屋市立戸笠小学校で、俳句の授業をしました。五年生のクラスです。

授業の様子は、この本の「俳人、小学校で、俳句の授業をする」をお読みください。

ここでは、授業のあと、戸笠小学校の村田香先生から、送っていただきました子どもたちの俳句集を読んでみたいと思います。

まず、俳句は五七五でできたとても短い詩です。このとても小さい器の中に言葉や文字を入れますと、ふつうの文章（散文）とは違った不思議な面白いふるまいをします。それを素直に楽しむことが俳句の一番の読み方です。読み方に、大人の俳句も子どもの俳句も違いはありません。

では、実際にはどのように読むかは、これからお話ししますので、お楽しみください。

なお、送っていただいた俳句集は、冬編と春編でしたので、冬と春の俳句しかありません。ご了承ください。

①　雪とつらら

雪がふるいつのまにかつもってる　　池田怜真
雪たちがひらりふわりとまいおどる　　加藤優奈

この俳句を見て、なにか気づきませんか。

そうです。「雪」以外は、すべてひらがなになっています。これが、ふつうの文章（散文）であれば、作者は、ここで使う漢字をまだ習っていないのだ。たまたま書けなかったのだ。と大人は思うかもしれません。しかし、俳句は散文ではありません。詩です。書かれたとおりに読まなければなりません。

三好達治の「雪」という短い詩を見てください。

> 雪
>
> 太郎を眠らせ、太郎の屋根に雪ふりつむ。
> 次郎を眠らせ、次郎の屋根に雪ふりつむ。

池田さんの俳句と同じように、降と積はひらがなになっています。まさか、三好達治の「雪ふりつむ」を、「雪降り積む」と添削する人はいないでしょう。

ひらがなで表記されていたら、ひらがな表記として鑑賞しなければなりません。

では、二つの俳句のひらがなが表しているものはなんでしょう。

それは、空から降ってくるひとひらひとひらの雪を表しているのです。そう読めば、一つひとつのひらがなが雪のように見えてくることでしょう。私はそれを、ひらがなによる雪の形象化と呼びます。いうまでもありませんが、ひらがなは漢字と違いしろいイメージも持っています。三好達治の「雪」の「雪ふりつむ」も同じように読む必要があります。

そして、当然ですが、俳句は、縦書きで書かれなければならないことも、分かっていただけると思います。

たまに降った雪に、大喜びしている人の姿が見えてきます。

その喜びは、池田さんの俳句では「いつのまにか」によく表れています。

加藤さんの俳句では、「ひらりふわり」というオノマトペ（声喩）によく表れています。

「ひらりひらり」「ふわりふわり」でもなく、「ひらりふわり」という変化のある表現は、「（擬人化された雪たちが）まいおどる」にふさわしい表現です。

雪といえば、次の句も素敵です。

六花《むつのはな》空からふわりとふとんしく　　永井柚羽

「六花」は、雪の結晶が六角形から来た言葉ですが、これは雪のことだと単純に納得してはなりません。先ほど申し上げましたように、俳句はまず書かれたように読みます。花といえば桜の花です。この俳句は、空から雪がふわりと降ってきますが、その雪に散る花のイメージがかさなる美しい俳句です。

そして、真ん中に来るオノマトペは、上と下に掛かります。「六花空からふわりと（降ってくる）」と「ふわりとふとんしく」のようにです。散る花のイメージを背後に持つ白い雪が軽やかに降ってきて地面をやさしくおおったのです。それは、さながら白い布団のようでした。

「からふわりとふとんしく」がひらがななのは、お分かりと思います。

次に、同じ冬のものであるつららの俳句を読んでみましょう。

町中で屋根につららがたれている　　水谷悠吾

つららは雪とちがって固いものですが、この俳句では、ひらがなで「つららがたれている」と書かれても違和感はありません。屋根からたれ下がった透き通った細長いつららからしずくが、ぽたりぽたりとたれている光景を思い起こさせます。

この句では、ひらがなは、雪の白いふんわりしたイメージから、つららの透き通ったイメージと、しずくのぽたりぽたりとたれるイメージへと変化しています。

それは、この句の場合は、つららのことが書かれていますので、読者は、ひらがなの一字一字の姿形から、透明感とぬめり感、そして粒々感をまず選びとるからです。

町中の屋根という屋根から無数のつららがたれ、しずくがたれている大きな光景が、ここにあります。

② 言葉遊び

子どもたちは、とても言葉遊びが好きです。こんな俳句はどうでしょう。

うめの木がうめをたべてうめーといった　　**鬼頭康基**

パンジーを見るとバンジーしたくなる　　**近藤風馬**

いわゆる語呂合わせ、ダジャレです。でも、俳句の五七五の中にはめ込むと、納得です。

そうか、うめの木がうめをたべて、羊のようにうめーといったのか、面白い！　そういうことも、あることにしておこう。

パンジーを見るとバンジー（ジャンプ）したくなったのか。パンジーが、バンジーしたくなるほど元気をくれたんだ。そういえば、パンジーもバンジーもよく似てるな。笑って納得。言葉の音や文字の姿が似ていることで、まったく違うものを引っ付けてしまう力が、俳句にはあるのです。

もう一つダジャレではありませんが楽しい俳句があります。

くしゃみ出てくさめくさめといのるかな　**山田啓悟**

吉田兼好の『徒然草』第四十七段を、習ったのでしょうか。昔、くしゃみをすると、魂が一緒に体から出ていって死ぬこともあると思われ、人々はくしゃみをすると心配しました。そのくしゃみの悪い影響から逃れるための呪文が「くさめくさめ」なのです。

くしゃみが出たので、今の人間が「くさめくさめ」と言って一つ「祈ってやろうか」というわけです。ちゃめっけいっぱいの俳句です。

俳句の中の言葉って面白いですね。こういう俳句、どんどん作りましょう。

③ 風車

風車心のなやみ吹き飛ばす　　鈴木麻友

かざぐるま風にあたってきもちいいな　　中川将稀

どちらの風車もここちよい風車です。

鈴木さんの風車は、生きることの苦しみを吹き飛ばします。風を受けて勢いよく軽快に回る風車を見ていると、まるで見ている人のなやみまで吹き飛ばしてくれるようです。いや、本当に吹き飛ばすかもしれません。鈴木さんの俳句には、はっきりと「風車心のなやみ吹き飛ばす」と書いてあるからです。

中川さんの俳句は、なんだ、「かざぐるま風にあたってきもちいいな」と言っているだけではないかと言われそうです。しかし、俳句の鑑賞は、その俳句の姿形《すがたかたち》も鑑賞しなければなりません。表記を見てみましょう。

漢字は「風」という一字だけです。これは、意味は風ですが、この俳句の中では、風車の姿を表しています。

「かざぐるま風にあたってきもちいいな」という俳句には、「風」という漢字が一字だけですので、この俳句を見ていると「風」という字が風車に見えてくるのです。「風」が風車なら、ひらがなはなんでしょう。もちろん、かぜです。風の形象化です。風に当たって気持ちよさそうに回る風車に、作者が寄り添って作った俳句なのです。なお、「かざぐるま風にあたってきもちいいな」は、俳句集では、「かざぐるま風にあたってきもちいな」となっていました。下五（五七五の下の五）が「きもちいいな」では六音になるので、「きもちいな」としたのではないかと思いますが、無理に五七五にしなくてもよいのです。「きもちいいな」は「きもちいいな」と書けばＯＫです。

④　二つの気持ちがいっしょに

春休みみんなであそぶ最後かな　永田陸翔

楽しみと悲しみがある四月かな　西島裕人

永田さんの句を読んでみましょう。

遊びは楽しいことです。しかし、最後の遊びです。一年一緒に遊んだ友達とこれからは遊ぶことはないかもしれません。さびしいです。楽しさとさびしさが入り混じった春休みです。

西島さんの俳句は、楽しみと悲しみの場面が具体的に書かれていません。ただ、「楽しみと悲しみがある四月かな」と言っているだけです。

しかし、だからと言って、楽しみと悲しみは新しい人と出会う楽しみと、今までの人と別れる悲しみに決まっているじゃないかと短絡的に決めつけないでください。

どんな楽しみと悲しみが四月にあるかは、人それぞれです。西島さんは、四月とは、そういう月だと、四月そのもののことを言っているのです。芭蕉に、

さまぐ〱のこと思ひ出す桜かな　　松尾芭蕉

という俳句があります。まさに「楽しみと悲しみ」とは「さまぐ〱のこと」なのです。

それに西島さんの句の良いところは、楽しみ、悲しみと「しみ」で畳みかけているところです。これが、この俳句に、読者に訴えかける力、説得力を与えています。

⑤　カタカナの働き

先ほど雪のところで、ひらがなについて説明しましたが、では、カタカナはどのように働くでしょうか。俳句によってカタカナの働き方はいろいろありますが、子どもたちの俳

句を例にして、考えてみましょう。

チューリップ色とりどりな春の色　伊藤ひなた
外に出て見上げてみればオリオン座　小塚煌介
春になり猫の恋のスタートだ　冨沢美紗希

この三つの俳句を見て、気づきませんか。カタカナは、何か明るい感じがしませんか。伊藤さんの「チューリップ」は、春の日を浴びて、色とりどりに明るく輝いています。これを、

ちゅーりっぷ色とりどりな春の色

では、チューリップの明るさが台なしです。春の心弾む明るさをうまく表現した俳句です。小塚さんの俳句は、「オリオン」というカタカナが、よく効いています。冬の澄み切った夜空にオリオン座が、はっきりと明るく輝いているのがよく見えます。
この俳句を見て思い出しませんか。それは、「この言葉は、なぜ上に？　この言葉は、なぜ下に？」で読みました中村汀女の「外《と》にも出よ触るるばかりに春の月」です。そこで私が読み解いたことを踏まえて、小塚さんのこの句を読み直してください。この俳句の味

わい深さがわかるでしょう。
冨沢さんの「スタート」というカタカナ語も適切な言葉です。春になり猫の恋の季節が始まります。それは、猫にとっては希望の季節です。その季節の到来を、この俳句は、ともに喜んでいるのです。カタカナの字面の持つ明るさと、スタートの語感の明るさが、この俳句を引き立てています。

⑥ 桜

ひらがなは、やわらかなイメージがありますので、雪だけでなく、花（びら）を表現するときにも効果的です。

手のひらにさくらがいっぱいおちてくる　加地啓佑
さくらさき一年生がやってくる　佐々木波音
一年生桜といっしょにまいおりる　田中槙之助
入学の思い出つまった桜の木　臼井悠晟

加地さんの俳句は、手だけが漢字であとはひらがなです。両手で散り続ける桜の花びらを受けているのです。「の」から「る」までのひらがなは、散り続ける桜の花びらの姿です。

この俳句の中の人は、次から次と手のひらに積もる花びらに感動しているのです。美しい光景です。

佐々木さんの俳句を読んでみましょう。桜が咲くのと歩調を合わせて、桜とともに希望に満ちた一年生がやってくるのです。

田中さんの俳句は、あまりイメージのよくない散るではなく、「まいおりる」と表現したところがすばらしいです。美しい桜の花びらの舞う中、無垢な美しい一年生が天から舞い降りるのです。

佐々木さんの俳句も田中さんの俳句も、ともに一年生を桜で美しく飾った（荘厳《しょうごん》した）俳句です。一年生の貴さが書かれています。（荘厳については、六十八頁参照。）

臼井さんの俳句を読んでみましょう。桜の木が子どもたちの入学を喜び、きれいな花をたくさん咲かせてくれました。その桜の花のもとで、入学の日の楽しいこと嬉しいことがいっぱいありました。桜の木を見るたびに入学の日のことが思い出されてならないのです。しみじみとした俳句です。

⑦　たんぽぽ

ひらがな書きされた「たんぽぽ」は、かわいらしさいっぱいです。

足もとを見ればたんぽぽ後ずさり　　土生皓大

土生さんの俳句は、「足もとを見ればたんぽぽ」で切れます。そして、「たんぽぽ」のあとで少し間をおいて、それから「後ずさり」と読みます。野原を歩いて来て、ふと足もとを見たらかわいいたんぽぽの花があったのです。そこで、踏まないようにあとずさりしました。

句の中の人物のやさしさが見えてくる俳句です。

たんぽぽはちっちゃい子にはにんきだね　　松尾治輝

松尾さんの俳句は、漢字は「子」だけです。あたり一面、かわいらしいたんぽぽが広がっています。たんぽぽに囲まれて子どもたちがはしゃいでいます。かわいらしいたんぽぽは、かわいらしいちっちゃい子に人気なのです。

ちなみに、たんぽぽは、カタカナ書きされれば、明るい黄色のタンポポが強調されます。

⑧ 畳みかける

ここでは、一つの俳句に同じ言葉が二つ以上使われているものを取りあげました。

俳句は短いので、同じ言葉を使うことは避けた方がよいとよく言われますが、同じ言葉を使うことによって、俳句に勢いをつける働きをすることがよくあります。

桜さき空をとんでく桜かな　朝倉立稀
冬眠はどうぶつたちの冬休み　伊藤勇登
うららかな椿に恋する猫の恋　川瀬彩瞳
春疾風今日公園は殺風景　坂口雅
息白し地面も白し風白し　坂田結唯
黄色の花たんぽぽ菜の花春の花　永井柚羽
春の川桜の花びら運ぶ川　渡辺こころ

朝倉さんの俳句は、木の枝に咲く桜の花（上五の桜）と、散って飛ぶ桜の花びら（下五の桜）を一つの俳句の中に書こうとしました。同じ「桜」ですが、桜のイメージが上五の「桜」と下五の「桜」では違うところがこの俳句の面白さです。咲く桜と散る桜が同時に書かれたとても華やかな俳句です。

伊藤さんの俳句は、「冬眠」と「冬休み」という、ともに「冬」が頭についた言葉の発見が素晴らしいです。「冬眠はどうぶつたちの冬休み」であることを読者に納得させる力があります。「どうぶつたちの冬休み」と小さな動物として擬人化されていますので、「どうぶつ」とかわいらしくひらがなになっています。

これを「冬眠は動物たちの冬休み」とすると、面白くないですね。

川瀬さんの俳句は、本来の「猫の恋」が猫がパートナーを探す激しい行いであるのに、うららかな、のどかな椿の花に恋するという、まさしくうららかな猫の恋を描いていてユニークです。「うららかな」は「椿」と「猫の恋」の両方に掛かります。

坂口さんの俳句は、ひらがなは一字で、あとはすべて漢字です。無機質な漢字ばかりで、やわらかなひらがなは、「は」しかありません。殺風景の世界を表すにはふさわしいです。しかし、殺風景な世界を詠んだ句ですが、一番上の「春」という言葉が、一句に春の明るさをほんのりと与えています。「はるはやて」という「は」音の続く言葉で入るところや、上五と下五に「風」という字をもってきたところも味わいたいです。

ついでといってはなんですが、松根東洋城《まつねとうようじょう》（一八七八―一九六四）の漢字がいっぱいの俳句を紹介しましょう。東洋城といえば、大正天皇から、俳句とはどういうものかと問われ、「渋柿のごときものにては候《そうら》へど」と答えた話は有名です。

金銀瑠璃硨磲瑪瑙琥珀葡萄かな　　松根東洋城

面白いですね。これは、金・銀・瑠璃《るり》・硨磲《しゃこ》・瑪瑙《めのう》・琥珀《こはく》などの宝物で作った仏塔なのです。一番上の金の字がいいですね。屋根があります。葡萄《ぶどう》は季節のお供え物です。

坂田さんの俳句は、「白し」「白し」「白し」と三つの「白し」で畳みかけます。息も地面も風も真っ白に凍らせてしまうような勢いのある俳句です。秋の風を白い風としますが、この凍てた真っ白の世界では問題はありません。

永井さんの俳句は、同じ種類の物の名を数え上げる物尽くしの形をとっています。ここでは「花尽くし」です。まず、「黄色の花」と言って、「たんぽぽ」「菜の花」と畳みかけ、次も黄色の花の名がくるかと思ったら「春の花」です。読者は肩透かしをくらいます。しかし、納得です。上五・中七のすべての花が、春という明るく暖かな大きなものに包まれてあることを言い切っているのです。読むと明るい気持ちになります。

「花筏《はないかだ》」という美しい言葉（春の季語）があります。川面に散った桜の花びらが重なり連なって筏のようになって流れていく様を言った言葉です。

渡辺さんの俳句は、「花筏」という言葉を知る前の素敵な俳句です。花筏という言葉を使わずに同様のことを詠もうとしているからです。たいしたものです。この俳句の春の川は、本当に美しいです。

⑨ 自己紹介俳句

戸笠小学校の五年生のクラスで、自分の名前を俳句に読み込む授業をさせていただきました。想像以上に盛り上がり、びっくりしました。これから紹介する俳句は、その一部です。

さむいからよしともかえってゲーム中　大平義智

根深汁山田啓悟は飲んだかな　山田啓悟

この二句を読んで不思議に思いませんか。この俳句の中の「よしとも」と「山田啓悟」はもちろんそれぞれの作者の名前です。しかし、これらの句を読む時、俳句の中のその名前の人物は、まるで小説か物語の中の登場人物のことのように思えてきませんか。読者のみなさんも、今一度、作者名を手で隠して読んでみてください。

なぜこのようなことが起こるかというと、作文なら「私は」とか「ぼくは」とか書くので違和感はありませんが、人物名を書くと、その人物を別の人物が客観的に見て書いているように思えてくるからです。子どもたちには、そのことをきちんと説明しました。

それにしても、「自己紹介俳句」の授業で、このことに気づいた子どもがいたことは、驚きでした。（「2　俳人、小学校で、俳句の授業をする」、九四―一〇五頁参照）

みかんはね木下彩花大好きだ　　木下彩花

冬の空麻友をいわしが呼んでいる　　鈴木麻友

菜の花や笑うように咲きほこる　　竹中日菜

子どもたちは、たくみに自分の名前を読み込みました。初めてとは思えないくらいです。それまでの担任の先生のご指導がよかったのだと思います。

木下さんの俳句は、「みかん」「木」「彩」「花」が、一句の中で、ゆかりのある言葉としてつながって行く楽しい俳句になっています。「このような言葉の働きを縁語《えんご》といいます」と、その場で説明を加えました。子どもたちは十分理解してくれました。

次は、掛け詞の俳句です。鈴木さんは冬の空に、どこまでも続いているいわし雲を見たのでしょう。そのいわしのように見える雲が自分（麻友《あゆ》）を呼んでいるように見えたのです。ところが、「麻友をいわし雲が」では、九音になってしまいますので、「麻友をいわしが」と、二字減らしたのではないでしょうか。ここで、面白いことが起こります。「麻友」

が掛け詞としての力を発揮したのです。「あゆをいわしが呼んでいる」と。だから、冬の空でいわしが呼んでいるのは、「麻友」と「あゆ（鮎）」ということになるのです。読者はその両方を楽しむのです。

竹中さんの俳句は、自分の名前を目立たないように読み込んだおしゃれな俳句です。この俳句は、菜の花のことでもあり、竹中日菜さんのことでもあるのです。ちなみに、「咲」は「咲《わら》う」とも読みます。花、笑う、咲くは縁語といえます。のどかな、平和な、作者の日菜さんの「日」のような春の日の降り注ぐある日のことです。

⑩ 擬人法（活喩）

春さきに梅のささやきみな笑顔　一色博貴
桜の木一本だけでせつないよ　長谷川湧已
雛祭り人形達が笑ってる　林城司郎
雨の中すみれうたれる音がする　若山心優

一色さんの俳句の眼目は、梅の花の咲くことを「ささやき」ととらえたところです。その「ささやき」は、「春さきに」の「さき」から自然につながっています。ひょっとしたら、

「春さきに」と言ったあと、「ささやき」という言葉が口をついて出てきたのかもしれません。梅のささやきは、春が来たよという春自身のささやきでもあります。だからこそ、みんなは笑顔になったのです。

長谷川さんの俳句は、一本だけ立っている桜の木を見た人が、「せつないよ」とつぶやいたというものです。しかし、この俳句はこれにとどまりません。「せつないよ」とつぶやいたその人の思いが桜に移り、桜の木はその切ない気持ちを受けとめる心あるものとなりました。この俳句を読んでしみじみとした気持ちになるのは、桜の木は、たんに立っているだけのものでなくなったからです。

ところで、人形が擬人化されると、人でもない人形でもない人物たちの不思議な世界が現れます。たとえば、童話や昔話の世界のようにです。この林さんの俳句は、子どもたちが人形たちと楽しそうに笑いながら交流している不思議な雛祭りの世界を描いたものなのです。

長谷川さんの桜の木と同じように、一見擬人法には見えないのですが、原石鼎《はらせきてい》（一八八六―一九五一）一代の傑作に、次のような俳句があります。

頂上や殊に野菊の吹かれ居り　原石鼎

ここでは、「野菊」に、「殊《こと》に」と作者の思い入れがなされています。そうしますと、その思い入れが「野菊」に伝わり、「野菊」は「吹かれ居り」と、心あるものとして立ち上がります。そして、清楚な個性ある人の気配が、漂います。長谷川さんの「桜の木一本だけでせつないよ」を思わせます。

若山さんの俳句も、この石鼎や長谷川さんの俳句と仕組みが似ています。

雨にうたれることによって、すみれに心が生まれます。なぜ生まれるかと言いますと、それは、雨にうたれる音を聞くほどの、作者のすみれへの同情です。その同情の心がすみれに移り、すみれは心あるものとして現れるのです。作者とすみれの心通わせる世界がここにあります。

⑪　散文が俳句になる時

いつ散文が俳句（詩）になるのか、考えてみましょう。

はつもうでおみくじ引けば小吉だ　冨沢美紗希
春の海銀河のようにきれいだな　相原乙魅
六年間楽しい思い出ありがとう　山田恵莉菜

「はつもうでおみくじ引けば大吉だ」では、俳句になりません。「大吉」を「小吉」とひねりを掛けます。すると、不思議、俳句になります。大吉より、小吉の方が、一句に含みが生まれてくるからです。冨沢さんの俳句は、なにかドラマが起こる予感がします。

相原さんの俳句は、陽光にきらめく春の海を、銀河にみたてた俳句です。春の海を春の海と言うだけでは俳句になりません。この俳句には、地上の春の海は天上の銀河のようだというひねり（発見）があります。ですから、読者は春の海と銀河のイメージを重ね合わせて、ものすごく美しい海を想像します。

山田さんの俳句は、「六年間楽しい思い出ありがとう」と言っているだけで、誰にありがとうと言っているかわかりません。それは、楽しい六年間を感謝する人やものが数えきれないからです。だから、山田さんは、五七五（俳句）で「六年間楽しい思い出ありがとう」と言い切ったのです。言い切ることで俳句になりました。

⑫ 俳句の威力

子どもの俳句だからと言ってあなどれないことは、今まで述べたことでお分かりのことと思います。

ここでは、読みようによっては、すごいことを言っているのではないかと思える二句を紹介します。俳句の威力をまざまざと思い知らされた俳句です。

節分や私の鬼はどこへゆく　　**小島光丘**

節分の日、一家みんなで豆まきをしました。この俳句の中の「私」も一生懸命「鬼は外、福は内」といって、家の中の鬼を追い払いました。その「私」が追い出した鬼はいったいどこへ行くのだろうと、鬼が路頭に迷うことを心配しています。と、いうのが普通の読み方でしょう。しかし、別の観点の読み方もあります。

それは、「私の鬼」を、自分の中の鬼と読むのです。人間は、誰でも心の中によこしまな心を大なり小なりもっています。それを「私の鬼」と表現したとするのです。

今日節分の日、私は自分の心の中に住んでいた鬼を一生懸命追い払いましたが、この鬼はいったい今度は誰の心の中に行くのだろうか。それは、ひょっとして自分の心にもどってくるかもしれない、という俳句として読みます。優れた俳句です。

もちろん、作者が、そのつもりで書いたかどうかは別の話です。私、武馬が、こう読んだということです。言うまでもありませんが、私の心の中にも鬼は住んでいます。

北風で紙がどんどん飛ばされる　野間誠司

この俳句を読んで、私は、葛飾北斎作「富嶽三十六景」の「駿州江尻《すんしゅうえじり》」を思い出しました。旅人の懐から懐紙が際限なく富士へ向かって、弧を描いて飛ばされて行く絵です。こんなに懐紙が懐にあるはずもないのに懐紙は空高くいくつもいくつも舞い上がって行きます。

この野間さんの俳句も同じです。際限なく、いつまでもいつまでも「北風で紙がどんどん飛ばされる」のです。その光景を思い浮かべるとこわくなってきます。

俳句によって見た光景です。俳句はすごい。

これで、戸笠小学校の子どもたちの俳句の鑑賞は終わりです。

みなさんの益々のご健吟*をお祈りいたします。

＊ご健吟：よい俳句を元気よくお作りくださいという、俳人から俳人への挨拶言葉。

4 四季より面白い二十四節気《にじゅうしせっき》を俳句で楽しもう

日本の季節の移り変わりの味わい深さを説明するために、教科書でも二十四節気が取り上げられます。そして、二十四節気は、季節の詩、俳句と一緒に語られます。ここでは、二十四節気を俳句で楽しもうというのですが、二十四節気に関わる俳句についてお話しする前に、二十四節気とはどういうものかについてお話ししましょう。

① 二十四節気ってなんだろう

ごぞんじのように、一年を四等分したのが春夏秋冬の四季です。

その四季を、それぞれ六等分したのが、二十四節気です。ですから、二十四節気は、一年を二十四等分したことになります。

太陽の一年の運行を二十四等分していますので、毎年ほぼ同じころになります。二十四節気は、月の運行を基準にした太陰暦ではなく、太陽暦なのです。節気は約十五日ごとに巡ります。

その二十四節気は、もともと古代中国ででき、五五三年、百済からの暦（元嘉暦《げんかれき》）の伝来とともに日本に伝わりました。それが季節の循環がほぼ一定の日本にうまくはまり、今日まで約一五〇〇年にわたり親しまれてきました。人々は、二十四節気の巡りに豊かな日本の自然を発見し続けてきたのです。

当然、季節にとてもお世話になっている俳句にも、二十四節気は詠まれてきました。二十四節気の俳句は、後ほどみなさんと一緒に読んでみたいと思います。その前に、もう少し二十四節気について述べさせていただきます。

まず、二十四節気には、春夏秋冬と同じように一つひとつ名前がついています。どれも味わい深い象徴的な言葉によって表現されています。これらは、中国でできた時のままで、変わっていません。

できれば全部覚えてください。みなさんになじみのない節気は十節気くらいですからそんなにむつかしくはありません。この本を読んでいるうちに覚えてしまいます。

また、この章の最後に二十四節気のおさらいを兼ねたパズルのページがありますので、楽しみながら、記憶を確かなものにしてください。

次の頁に二十四節気すべてを紹介しました。一三七頁には、一目でわかる表を載せました。どうぞご覧ください。

二十四節気には、便宜上、立春から最後の大寒まで番号をふっておきました。

なお、二十四節気の定義は、『こよみ便覧《べんらん》』（天明七年〔一七八七年〕）によりました。

② 二十四節気一覧

＊節気の日にちは、二〇二〇年の立春から二〇二一年の大寒までのものです。毎年、少しずつ変わります。

春	**1**	**立春《りっしゅん》**	**2月4日**	**春の気が立つ時。**
	2	雨水《うすい》	2月19日	雪や氷が解けて雨水となる時。
	3	啓蟄《けいちつ》	3月5日	虫などが地中から穴を開いて出てくる時。
	4	春分《しゅんぶん》	3月20日	昼夜等分の時。
	5	清明《せいめい》	4月4日	陽の気が現れ天地が清浄明潔な時。
	6	穀雨《こくう》	4月19日	春雨が百穀を生き生きさせる時。
夏	**7**	**立夏《りっか》**	**5月5日**	**夏の気が立つ時。**
	8	小満《しょうまん》	5月20日	陽の気が満ち草木の枝葉が繁る時。
	9	芒種《ぼうしゅ》	6月5日	芒《のぎ》のある穀物の種を撒く時。

季節				
	10	夏至《げし》	6月21日	一番日が長い時。
	11	小暑《しょうしょ》	7月7日	大暑がくる前の時。
	12	大暑《たいしょ》	7月22日	暑気の極致の時。
秋	**13**	**立秋《りっしゅう》**	**8月7日**	**秋の気が立つ時。**
	14	処暑《しょしょ》	8月23日	暑さが止まり、涼しくなり始める時。
	15	白露《はくろ》	9月7日	ようやく寒くなって白玉の露を結ぶ時。
	16	秋分《しゅうぶん》	9月22日	暑さと寒さの中間にあたる時。
	17	寒露《かんろ》	10月8日	寒さのために寒露をむすぶ時。
	18	霜降《そうこう》	10月23日	露が寒さのために霜となって降る時。
冬	**19**	**立冬《りっとう》**	**11月7日**	**冬の気が立ちいよいよ冷える時。**
	20	小雪《しょうせつ》	11月22日	冷えて雨も雪となって降る時。
	21	大雪《たいせつ》	12月7日	雪がますます降り積もる時。
	22	冬至《とうじ》	12月21日	日が一番短い時。
	23	小寒《しょうかん》	2021年1月5日	ますます冷える時。
	24	大寒《だいかん》	2021年1月20日	一番寒さがはなはだしい時。

① 節気は、その日をさす場合と、その期間をさす場合があります。たとえば、二月十九日は雨水ですが、期間としては、その日から啓蟄の前日までが雨水です。

② 毎年の暦について詳しく知りたい方は、新聞店などから年末にサービスでいただける暦の冊子をご覧ください。

一年を二十四節気に分けた図を次の頁に掲げましたので、ご覧ください。

一目でわかる二十四節気

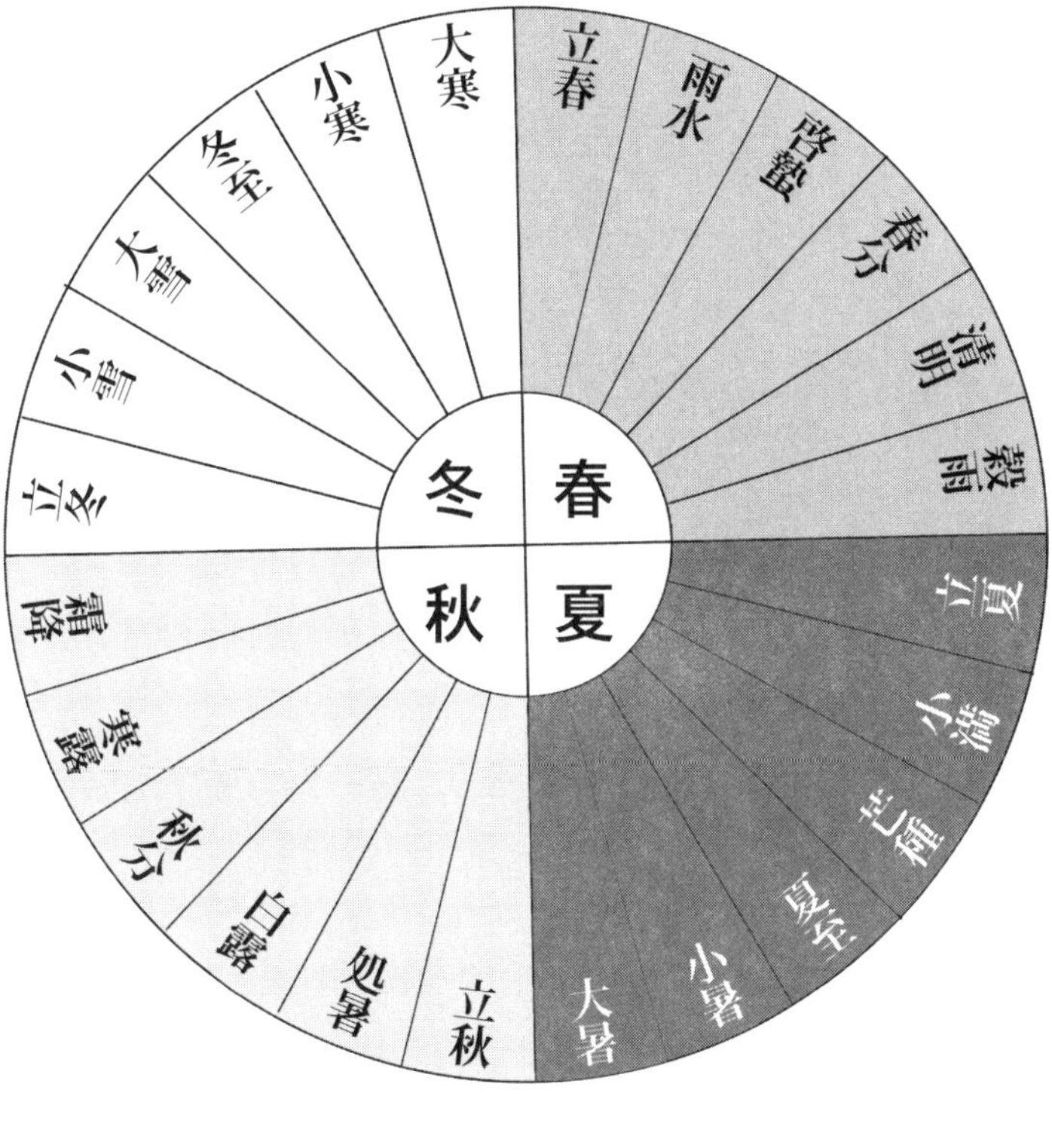

③ 二十四節気を俳句で味わう

各節気にちなむ俳句を一句ずつ鑑賞して行きます。昔の俳人の句から現在活躍中の俳人の句まで、さまざまな句を紹介しました。それらを参考にして、教室で二十四節気の俳句づくりに挑戦してください。

二十四節気の名前（たとえば「小雪《しょうせつ》」）を入れて作りますと、もともとの意味（小さい雪、少しの雪という意味）も一句の中で働きだしますので面白い俳句ができます。どうぞ、その面白さも味わってください。「小雪」は「20 小雪」をご覧ください。

1 **立春《りっしゅん》** 春の気が立つ時。今日から春です。地面から春の気配が立ち上がり始めます。でも、昨日まで大寒だったので、まだ寒いです。

立夏、立秋、立冬の「立」もすべてこの意味です。

立春のおむすび握る確かさよ　**片野蓮《かたのれん》**

＊この人は、単におむすびを握っているのではありません。握るおむすびの温かさに、確かな春の感触を感じながら、春の気（エネルギー）も春になったという喜びも一緒に握っているのです。きっと春のようにすっくと立って握っていることでしょう。

2　**雨水《うすい》**　雪や氷が解けて、それが天にのぼり雨となって降り注ぐ時。本格的な農耕にそなえ準備が始まります。

天気図の渦混み合えり雨水の日　**原《はら》しょう子《こ》**

＊天の地図に渦が混み合っているというのです。天にいっぱいできた渦から水が雨となって本当に落ちてきそうに思えてくる俳句です。

3　**啓蟄《けいちつ》**　虫などが地中から穴を開いて出てくる時。「啓」はひらく、「蟄」は虫などが地中に隠れこもることです。

啓蟄や大きな石を裏返し　**平賀節代《ひらがせつよ》**

＊長いふゆごもりをしてきた虫が、大きな石の下では、出て来にくいだろうと、この人は、石をどけてやったのです。「大きな石を裏返し」に注目してください。大変な作業だっ

たのです。やさしさのあふれた俳句です。

4　**春分**《しゅんぶん》　昼夜等分の時。昼と夜の時間がほぼ同じに二分される時です。暑さ寒さも彼岸までといわれるように、いよいよ本当の春です。

春分の鳩にハモニカ吹いてやろ　**太田風子**《おおたふうこ》

＊山鳩をとらえるために両手を使って鳩の鳴き声をまねる「鳩吹く」という秋の季語がありますが、ここでは鳩を楽しませるためにハモニカを吹いてやろうというのです。本当の春がきたという、うきうきした気分を鳩と分かち合おうという、これも心やさしい俳句です。ハモニカという響きもハモニカというカタカナの字面も明るく感じられます。

5　**清明**《せいめい》　陽の気が現れ天地が清浄明潔な時。草木が一斉に芽吹いて大気も清く、明るくなり、ものごともはっきり見え、芽吹いたものが何の草かもよく分かる時なのです。

清明の夜は遠くへ汽車で行く　**武馬久仁裕**《ぶまくにひろ》

＊清明という名前のように清く明るい日は、夜もきっと遠くまで澄み渡り、心地のよいことでしょう。そんな夜は、夜汽車に乗って遠くに行きたくなるのです。郷愁を感じさせる俳句です。郷愁とは、遠く離れたところへの、なつかしさが交じったあこがれの気持ちです。

６　**穀雨**《こくう》　春雨が百穀を生き生きさせる時。晩春です。次の季節への胎動の時期であり、人間にとっては、多くの穀物の育ちを助ける春の雨が降る大事な時です。

苗床にうす日さしつゝ穀雨かな　西山泊雲《にしやまはくうん》（一八七七―一九四四）

＊日本的な風景が描かれています。夕べのほのかな日差しを浴び、春の暖かな雨が、やわらかに降り続けています、それも穀雨と言う穀物にやさしい雨が。その雨を浴びて苗は安心して伸びるのです。作者は、高浜虚子門の俳人。

７　**立夏**《りっか》　夏の気が立つ時。今日から夏です。新緑の美しい時です。ますます生き物が活発に動き出します。このころは、初夏といわれます。

鍵盤に届かぬ小指立夏かな　松永《まつなが》みよこ

＊立夏は、まだまだ本格的な夏ではありませんが、ともかく今日から夏です。夏立つ日です。夏は、解放感あふれる太陽の季節です。身も心もせいいっぱい楽しむ季節です。立夏

には、そうした夏への期待がこめられています。しかし、立夏のこの日、このピアノを弾いているこの人は、まだまだ小さいので、十分小指が鍵盤に届きません。この夏を、身も心もせいいっぱい楽しめそうもなく、もどかしく、口惜しく思っている小さな子がここにいます。


豆知識　俳句は、五七五を分かち書きせず、一行棒書きにするのが原則です。この句の場合、一行棒書きの働きで、「立夏」の「立」が、上の「小指」とくっつき「小指立」とも読めてしまいます。小指をぴんとのばしたイメージが現れます。

　それから、「小指」の「小」から、ピアノを弾いている人がなんとなく年少の人のように思えてしまいます。

　このように、俳句は、とても小さな詩ですので、一つひとつの言葉が五七五の中で不思議な働きをします。これを味わうのも、俳句を読む時の楽しみです。

8　**小満**《しょうまん》　陽の気が満ち草木の枝葉が繁る時。天地にエネルギーが満ち、陽気はますますよくなります。

のびのびと小満の水かがやけり　　**廣島佑亮**《ひろしまゆうすけ》

＊草木の枝葉がのびやかに繁るように、小満は水も力満ち、のびやかに、まばゆく輝くのです。

9　**芒種《ぼうしゅ》**　芒《のぎ》のある穀物の種を撒く時。のぎとは、稲や麦にあるとげとげのことです。日本では稲。田植えの真っ最中です。

芒種なり流れてやさし雲と水　　**永井江美子《ながいえみこ》**

＊見上げれば雲はおだやかに流れています。足元を見れば水はおだやかに流れて行きます。人の命のもと穀物の播種（日本では田植え）のころを迎え、自然はやさしい表情を見せてくれます。

10　**夏至《げし》**　一番日が長い時。雨の中、紫陽花がしっとりと咲いています。

夏至今日と思ひつつ書を閉ぢにけり　　**高浜虚子《たかはまきょし》**（一八七四—一九五九）

＊本を閉じた人は、夜寝る前の読書を楽しんでいたのでしょう。読書を終える時、今日は夏至と言う昼間が一年で一番長い日だったが、何てこともなかった。いつもと同じように本を閉じて寝るだけだ、というのです。「閉じにけり」は、本を閉じるのと一日を閉じるのを掛けています。作者は、近代俳句の大御所。

11　小暑《しょうしょ》　大暑がくる前の時。梅雨明けも近いころです。本格的な夏の到来です。

小暑かなよしこの笑窪《えくぼ》ころころす　高橋比呂子《たかはしひろこ》

＊書き出しの「小」が効いています。「小」があるからこそ、あまり暑くなく、「よしこ」も小さな子で、「この笑窪」も小さくかわいらしく感じます。笑窪を見せてころころ笑う様子が何とも愛らしいのです。「小」が作り出した穏やかな生活の一コマです。

12　大暑《たいしょ》　暑気の極致の時。梅雨が明け、待ちに待った？　エネルギッシュな夏の到来です。

山頂のみな尖りゐる大暑かな　伊藤政美《いとうまさみ》

＊見渡す限り山頂はみな、鋭く天を突きささんばかりに聳えています。あたかも、極暑をもたらす天に挑まんとするかのごとくに。

13　**立秋《りっしゅう》**　秋の気が立つ時。待ち望んだ秋ですが、暑さはなかなかおさまりません。立秋の日の朝の秋の気配を、「今朝《けさ》の秋」（季語）といいます。

立秋の亀《かめ》の子束子《こたわし》働けり　**原しょう子**

＊擬人法の俳句です。秋の気配を感じ取った、「亀の子」というかわいらしい名を持った、亀の子の形をした楕円形の束子が、かいがいしく、けなげに働いているのです。「立秋」という爽やかさただよう言葉がよく働いています。「亀の子束子」という商品名をうまく使った俳句です。

14　**処暑《しょしょ》**　暑さが止まり、涼しくなり始める時。残暑は続きますが、すこしずつ涼しくなって行きます。ちなみに、残暑見舞いは、もうこれからは暑くならない処暑までです。

てのひらを苔《こけ》に伏せたり処暑の庭　**依光陽子《よりみつようこ》**

＊手の平を庭の苔にしずかに伏せると、かすかにひんやりしました。やわらかな苔の持つほのかな冷たさを手の平で感じたのです。暑さも峠を越えたことを実感した処暑の庭でありました。触った感じを起こさせる「てのひら」というひらがなが効果的です。

15　**白露《はくろ》**　ようやく寒くなって白玉の露を結ぶ時。いよいよ秋らしくなってきます。しかし、秋雨前線が時として、長雨をもたらす時期もあります。

労働の片足あげる白露かな　**今井真子**《いまいまさこ》

＊いざ働こうと片足を上げました。しかし、白く光る露が地上に降りていました。その美しさに片足は上げたままの白露の朝でした。白露という二十四節気の名を効果的に使った俳句です。

16　**秋分**《しゅうぶん》　暑さと寒さの中間にあたる時。稲刈りの真っ最中です。そして、お月様に、秋の収穫物を供える旧暦八月十五日の十五夜（中秋の名月）もこのころです。

秋分や窓いっぱいの夕明かり　**廣島佑亮**

＊窓一面に昼間の明るさがほのかに残っています。が、夜のとばりが降り始めています。秋の一日で昼間と夜の微妙な釣り合いの中にある、一番美しくさみしい時です。昼夜が同じ秋分という言葉が、それを引き立てます。

17　**寒露**《かんろ》　寒さのために寒露をむすぶ時。秋もまっさかりです。しかし、徐々に寒さが忍びよるころです。寒露とは、寒さで凝って霜になろうとしている冷たい露をいう言葉でもあります。（霜については次の項を参照）

つかの間の朝日を映す寒露かな　**渡邊清晴《わたなべせいせい》**

＊小さな寒露に大きな朝日が輝いています。その朝日が、ほんのわずかの間ですが、つめたい露を暖めるのです。大きな暖かい朝日と小さな寒露の対比がポイントです。

18　**霜降《そうこう》**　露が寒さのために霜となって降る時。かつては、霜は露が凍ってできると考えられていました。

霜降の色きはまりし一夜かな　**廣島佑亮**

＊霜が降る霜降という日の色、すなわち白が、この日の夜は、これ以上白くはならないほど白くなりました。一面美しい霜が降ったのです。白という言葉を使わないところがみそです。

19　**立冬《りっとう》**　冬の気が立ちいよいよ冷える時。年賀状が売り出され、巷ではもう年末モード

です。暦の上では、ついに寒い冬がやってきたのです。ちなみに、立冬の日の朝を、俳句で「今朝《けさ》の冬」といいます。

立冬や悪人ぶった笑いかた　**松永みよこ**

＊寒さで身が引き締まる季節の始まりは、よしやろうという覚悟を持つ時にふさわしいのでしょう。この人は、なにかをしでかしてやろうという不敵な笑いをもらすのです。悪人ぶったとは、なにも悪いことをしようというのではありません。覚悟の強さを表しています。また、「りっとう」という言葉の響きは、何かに切り込もうとする鋭さがあります。

20　**小雪《しょうせつ》**　冷えて雨も雪となって降る時。初雪も見られ、だんだんと冬めいてきます。

小雪のだあれも居ない運動場　**太田風子**

＊今日は小雪、小雪がちらついています。でもだあれも居ません。この広い運動場に。さびしい光景です。小雪の「小」の字が、さびしさを増幅させせます。

21　**大雪《たいせつ》**　雪がますます降り積もる時。大雪は、一年で一番雪の降る時かと言えばそうではありません。一番降るのは、二月なのです。でも大雪といわれればそう思えてきます。それが面白いところです。

大雪の鍵穴鍵を吸い込みぬ　**原しょう子**

＊今日は大雪、雪がたえまなく降り続いています。降り続く雪の中、ようやく目的の小さな家を探し当てました。持ってきた鍵をさっそく鍵穴に差し込みました。そのとたん、鍵穴は鍵をたちまち吸い込んでしまったのです。まるで生きているかのように。大雪の日はこのように不思議なことが起こるのです。

22　**冬至**《とうじ》　日が一番短い時。冬至は、陰が極まって陽が帰って来るとして一陽来復《いちようらいふく》ともいいます。これからは、少しずつ日脚が長くなります。

冬至の湯肩までつかり数え唄　**太田風子**

＊冬至には健康を願って柚子湯に入ります。この人も柚子湯に入っています。きっととても寒いのでしょう。肩までつかっています。冬至の「冬」の字が俳句の中にありますので、そのように読めます。ゆったり湯につかるとリラックスします。すると自然に幼いころによく歌った数え唄が口をついて出てくるのです。幸福感に包まれたひと時です。

23　**小寒**《しょうかん》　ますます冷える時。いつの間にかお正月（新正月）は過ぎてしまいました。でも「新春」という年賀状をもらっても、寒さはいよいよ本番です。寒の入りです。

小寒をきゅるきゅる泣いてセロテープ　**塩見啓介**《しおみけいすけ》

＊小寒の寒さを「きゅるきゅる」泣くなんてかわいいですね。この「セロテープ」。やはり小寒です。大寒はもっと激しいにちがいありません。「きゅるきゅる」は、もちろん冬の乾燥した時にセロハンテープをひっぱるオノマトペ（声喩）です。文房具を俳句の題材にするのも楽しいです。それでは、拙句を披露します。

歳末多端目玉クリップで止める　**武馬久仁裕**

24 **大寒**《だいかん》　一番寒さがはなはだしい時。一年で一番寒いのは小寒から大寒のころです。しかし、「小寒の氷、大寒に解く（解ける）」（ものごとは順番通りに行かないこともある）ということわざもあります。

大寒の握りたる手にゆるみなし　**松永みよこ**

＊とても寒いから手をしっかり握りその寒さに耐えている、では面白くありません。ここは、「ゆるみなし」に、大寒の厳しさに負けず、大きな仕事に向かおうとする人の決意の固さを読みたいものです。大寒という言葉には、並大抵な仕事ではないことも暗示されています。

④　おわりに

これで二十四節気と二十四節気の俳句の説明は、終わりです。いかがでしたか。

さっそく、「今日は立秋ですから、立秋の俳句を作りましょう」と言って、教室で、「立秋」の俳句を作ってみましょう。

俳句を作るには、二十四節気のことを深く理解して作ろう、などと思わなくても大丈夫です。二十四節気の例句のように、二十四節気の言葉の意味や字面に関連させても、十分素敵な俳句が作れます。

たとえば、

春分や幼《おさな》が書いて鏡文字　　岡井省二《おかいしょうじ》（一九二五―二〇〇一）

という俳句もあります。

俳句を書いているうちに、二十四節気も軽くマスターできます。

二十四節気おさらいパズル

空欄に漢字を入れて、二十四節気を含んだ意味の通る熟語を作ってください。（二十四節気でないものも混じっています。）熟語は、矢印の方向に読みます。

＊解答は、一五四、一五五頁にあります。

①
猛 → □
小 → □ ← 処
□ → 気

②
春 ← □
冬 ← □ → 夏
□ → 秋

③
穀 → □
雷 → □ ← 時
□ → 水

④
雪 ← □
霜 → □ → 水
□ → 雨

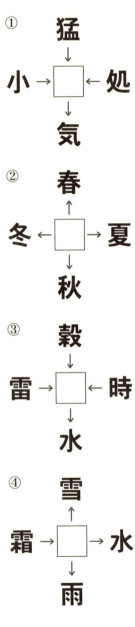

⑤

寒
↓
草 ← □ ← 朝
↑
白

⑥

雪
↑
寒 ← □ → 暑
↓
潮

⑦

春
↑
寒 ← □ → 雪
↓
満

⑧

月
↓
薄 → □ ← 清
↓
春

⑨

近
↑
冬 → □ ← 夏
↓
福

⑩

菜
↓
芋 ← □ ← 芒
↓
苗

⑪

蟄
↑
示 ← □ → 白
↑
拝

⑫

気
↓
秋 → □ ← 春
↑
節

二十四節気おさらいパズル　解答

一五二、一五三頁の二十四節気おさらいパズルの答えです。分からない二十四節気があったら、「二十四節気一覧」（一三四―一三五頁）などで、確認してください。楽しく学んで、俳句をもっと楽しみましょう。

①

猛
↓
小 → **暑** ← 処
↓
気

②

春
↑
冬 ← **立** → 夏
↓
秋

③

穀
↓
雷 → **雨** ← 時
↓
水

④

雪
↑
霜 → **降** → 水
↓
雨

⑤

寒

↓

草 ← 露 ← 朝

↑

白

⑥

雪

↑

寒 ← 大 → 暑

↓

潮

⑦

春

↑

寒 ← 小 → 雪

↓

満

⑧

月

↓

薄 → 明 ← 清

↓

春

⑨

近

↑

冬 → 至 ← 夏

↓

福

⑩

菜

↓

芋 ← 種 ← 芒

↓

苗

⑪

蟄

↑

示 ← 啓 → 白

↑

拝

⑫

気

↓

秋 → 分 ← 春

↑

節

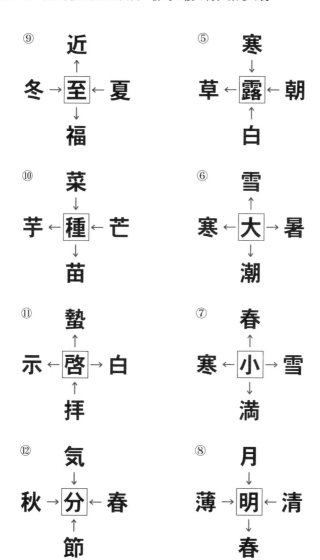

二十四節気より細やかな七十《しちじゅう》二《に》候《こう》

「大寒」とか「小寒」とかの二十四節気は、日ごろよく耳にしますが、「魚上氷（うお、こおりをいずる）」「楓蔦黄（かえでつた、きばむ）」などは、あまり縁がない言葉だと思います。

これが、二十四節気より季節の細やかな移り変わりを示す七十二候と言われるものです。まとめてみますと、次のようになります。

①　二十四節気は、一年の太陽の動きを二十四等分したものです。ほぼ十五日ごとの季節の変化を表すものです。

②　七十二候は、一年の太陽の動きを七十二等分したものです。ほぼ五日ごとの季節の変化を表すものです。

二十四節気と合わせて、季節の変化もこれで詳しくわかります。

③　二十四節気の気と七十二候の候から気候という言葉ができました。

④　七十二候は、昔中国で作られたものが、日本の気候、風土に合わせて一部手直しされています。江戸時代の天文学者・暦学者である渋川《しぶかわ》春《はる》海《み》（一六三九—一七一五）などが改良しました。

⑤　七十二候も二十四節気と同じで、その日のことと期間のことをいう場合があります。

立春から春分までを表にまとめて紹介します。それぞれ三つの候があります。

二十四節気より具体的になり、とても面

白いです。その候がいつかは、インターネットですぐわかります。七十二候は、ほぼ五日おきに楽しむことができます。

節気	候
立春	東風解氷（はるかぜ、こおりをとく）
	黄鶯睍睆（うぐいす、なく）
	魚上氷（うお、こおりをいずる）
雨水	土脉潤起（つちのしょう、うるおいおこる）＊
	霞始靆（かすみ、はじめてたなびく）
	草木萌動（そうもく、めばえいずる）
啓蟄	蟄虫啓戸（すごもりむし、とをひらく）
	桃始笑（もも、はじめてさく）
	菜虫化蝶（なむし、ちょうとなる）
春分	雀始巣（すずめ、はじめてすくう）
	桜始開（さくら、はじめてひらく）
	雷乃発声（かみなり、すなわちこえをはっす）

＊凍っていた大地も暖かな雨で湿り、春の生気が現れ出る時。

では、候の俳句を読んでみましょう。

東風《こち》吹いて一夜に氷なかりけり　河東碧梧桐

文字通り「東風解氷」を詠んだ句です。

戸の開《あけ》てあれど留守なり桃の花　加賀千代女《かがのちよじょ》（一七〇三―一七七五）

桃の花が咲いたので、今は桃の花がこの家の主というわけです。

付記　七十二候の読み（訓読み）方は、『略本暦』（明治七〔一八七四〕年など）によりました。表記は現代仮名遣いとし、適宜読点を補いました。

やっぱり四季の俳句は楽しい

二十四節気はあまりなじみがないと思いましたので、やや詳しく紹介しました。

ここでは、春夏秋冬の俳句を鑑賞します。現代のもの二句と江戸時代のもの二句です。

〈春の俳句〉

春の空大きく濡《ぬ》らし象《ぞう》洗う　中村正幸《なかむらまさゆき》

象を洗っている人は、あまりに気持ちのよい春の日でしたので、嬉しくなって、大きな春の空におもいっきり水を吹きかけ、象を洗い出したのです。

この句では、大きな象も下にあるので小さく見えます。その反対に上にある春の空が大きく見えます。

〈夏の俳句〉

夏河《なつかわ》を越すうれしさよ手に草履《ぞうり》　与謝蕪村

この俳句は書かれた通りです。暑い夏、冷たい川を裸足で渡るうれしさを詠んだものです。しかし、この俳句には、読者を楽しませるいくつかの仕掛けがあります。

その一つが、うれしさの元、裸足の「足」という言葉が使われていないことです。これは、ない方が読者の想像力をかき立てるからです。「手」を書くことで、「足」を思わせるのです。

もう一つ、「夏河」が「夏川」となって

いないことです。同じ蕪村の、五月雨の大河の前に肩寄せ合う二軒の家を置いた名句

さみだれや大河《たいが》を前に家《いえ》二軒

の大河と同じ「河」です。なぜ小川をイメージさせる「川」ではないのでしょう。

それは、この俳句は、小さな子どもの心に寄り添って（子どもの心になって）作られているからです。

「うれしさよ」というのは、子どもの心そのものです。小さな子にとっては、小川も河なのです。さすが蕪村！

〈秋の俳句〉

名月や池をめぐりて夜《よ》もすがら　　松尾芭蕉

池に映ったまん丸い中秋の名月が、池の上をめぐっています。その美しい月を友だちにして、この人は、一晩中池のまわりを回っているのです。孤独なのです。芭蕉が好きな唐の詩人李白の、月を友達にして一人お酒を飲む詩「月下の独酌」を思わせます。

〈冬の俳句〉

万華鏡の中は明るし春を待つ　　田中青志《たなかせいし》

ある日、誰かが万華鏡を覗きました。万華鏡の中は、色とりどりの花々が一度に咲いたような明るく美しい世界でした。

それは、万華鏡を覗く人の春を待つ心の中のようでした。

おわりに

私は若い頃、教育書をたくさん読んでいました。教育書オタクだったといっていいでしょう。

そんな私が大好きだった本があります。

西郷竹彦著『法則化批判—文芸教育の立場から』一九八九年
宇佐美寛・池田久美子著『「近現代史の授業改革」批判』一九九七年

どちらも今から二十年以上前の本ですね。でも、単純に読み物として、面白い本でした。その印象は、今読み直しても変わりません。

二冊とも本書と同じ黎明書房から出版されたものです。そして、どちらも編集を担当されたのは、本書の共著者である黎明書房社長・武馬久仁裕氏だったのです。

このことが判明したのは、私が初めて黎明書房を訪ね、初めて二人で呑んだ時のことでしょうか。

おわりに

教育書オタクの私は、一気に武馬社長を尊敬してしまいました。そして、あこがれの編集者との呑み会です。楽しくないはずがありません。すぐに意気投合しました。そして、それ以来、毎年数回はお会いして一緒に呑んでいます。

多少歳は離れていますが、気の合う友人の一人に違いありません。

そんな尊敬する編集者であり、気の合う友人である武馬氏からは、たくさんの仕事をいただきました。そして、黎明書房からたくさんの本を出させていただきました。

私から出した企画は、最初の『子どもも先生も思いっきり笑える73のネタ大放出!』と『子どもが大喜びで先生もうれしい! 学校のはじめとおわりのネタ108』ぐらいでしょうか。

武馬社長のお陰で、いろいろなジャンルの本を出すことができました。そして、依頼をきっかけに、得意ジャンルを増やすことができました。

私が教師としての幅を広げることができたのは、間違いなく武馬氏のお陰が大きいです。

そんな中で、一番勉強になったのが、『楽しく学べる川柳&俳句づくりワークシート』。

実は、この依頼をいただくまで、私は俳句に興味がありませんでした。また、子どもたちにこだわって俳句を作らせた経験もありませんでした。

そこで、三十冊以上、俳句づくりの本を読んで勉強しました。また、ラッキーなことに、武馬氏は、何冊も句集を出されている俳人でした。武馬氏からも多くのことを学ばせていただきました。

この時勉強したことが私の教師人生に生きています。お陰で俳句づくりの指導は私の特技の一つになりました。

この本の第1章では、その技をいくつか紹介しています。

また、第2章は、武馬氏が担当してくださっています。

特におススメなのは、「子どもたちの俳句を楽しく、面白く、深く読もう」ですね。

こういう読み取り方をすれば、子どもたちの俳句が生きてきます。そして、こういう風に読んで褒めてやれば、子どもたちはますます俳句づくりが好きになるでしょう。

まさに「目からうろこ」。他のページも含めて、武馬氏が書かれている第2章は必読です。あなたの俳句づくり指導がレベルアップすること間違いなしですね。

最後になりましたが、黎明書房社長・武馬久仁裕氏に心から感謝を述べます。憧れの編集者・武馬氏と共著を出すことができて、夢のようです。本当にありがとうございました。

また、これからも仲良くしてください。一緒に呑みましょう！

令和元年五月一九日

共著者　中村健一

著者紹介

●中村健一

第１章執筆。

1970年山口県生まれ。現在，山口県岩国市立川下小学校勤務。お笑い教師同盟などに所属。日本一のお笑い教師として全国的に活躍。

主な著書
『楽しく学べる川柳＆俳句づくりワークシート』『子どもも先生も思いっきり笑える73のネタ大放出！』『つまらない普通の授業に子どもを無理矢理乗せてしまう方法』『クラスを「つなげる」ミニゲーム集 BEST55＋α』『つまらない普通の授業をおもしろくする！　小ワザ＆ミニゲーム集 BEST57＋α』（以上，黎明書房），『中村健一　エピソードで語る教師力の極意』『策略　ブラック学級づくり―子どもの心を奪う！　クラス担任術―』（以上，明治図書出版）他

●武馬久仁裕

第２章執筆。

1948年愛知県生まれ。俳人。現代俳句協会理事。東海地区現代俳句協会副会長。日本現代詩歌文学館振興会評議員。船団会員。

主な著書
『G町』（弘栄堂），『時代と新表現』（共著，雄山閣），『貘の来る道』（北宋社），『玉門関』『武馬久仁裕句集』（以上，ふらんす堂），『読んで，書いて二倍楽しむ美しい日本語』（編著），『武馬久仁裕散文集　フィレンツェよりの電話』『俳句の不思議，楽しさ，面白さ』（以上，黎明書房）

＊イラスト：山口まく

子《こ》どもも先生《せんせい》も感動《かんどう》！　健一《けんいち》＆久仁裕《くにひろ》の目《め》からうろこの俳句《はいく》の授業《じゅぎょう》

2019年9月20日　初版発行

著　者　中《なか》村《むら》健《けん》一《いち》
　　　　武《ぶ》馬《ま》久《く》仁《に》裕《ひろ》
発行者　武馬久仁裕
印　刷　株式会社太洋社
製　本　株式会社太洋社

発行所　株式会社　黎《れい》明《めい》書《しょ》房《ぼう》

〒460-0002　名古屋市中区丸の内3-6-27　EBSビル　☎052-962-3045
FAX 052-951-9065　振替・00880-1-59001
〒101-0047　東京連絡所・千代田区内神田1-4-9　松苗ビル4階
☎03-3268-3470

落丁本・乱丁本はお取替えします。

ISBN978-4-654-02321-9

楽しく学べる川柳&俳句づくりワークシート

中村健一著　B5判・七八頁　一七〇〇円

教師はコピーして配るだけ。子どもはワークシートに書き込むだけ。川柳から入る指導法で俳句はメキメキ上達し、表現力アップ！「教室流・簡単句会」のやり方やコツも紹介。

新装版　子どもが大喜びで先生もうれしい！　学校のはじめとおわりのネタ108

中村健一編著　A5判・一二七頁　一八〇〇円

日本一のお笑い教師・中村健一先生の、1年間、1日、授業、6年間の学校におけるはじめとおわりを充実させるとっておきの108のネタ。子どもたちを飽きさせない工夫がいっぱいの教師のバイブル。気がつけば楽しいクラスのできあがり！

ゲームはやっぱり定番が面白い！　ジャンケンもう一工夫BEST55＋α

中村健一著　B5判・六二頁　一六五〇円

定番ゲームの王様「ジャンケン」にもう一工夫加えた、「餃子ジャンケン」「サッカージャンケン」等の最高に盛り上がるジャンケンゲーム55種を厳選収録。学習規律をつくるジャンケンも。2色刷。

つまらない普通の授業をおもしろくする！　小ワザ&ミニゲーム集BEST57＋α

中村健一著　B5判・六二頁　一六六〇円

おもしろみのない普通の授業を、ちょっとしたワザとゲームで盛り上げおもしろくするネタを57紹介。子どもたちが授業にのってこないとき、飽きてきたときでも授業にすぐ集中できます。ネタ成功の秘訣やプラスαのネタも教えます！　2色刷。

デキる！　教師の1日

中村健一編著　教師サークル「ほっとタイム」協力

B6判・一〇二頁　一三〇〇円

教師のための携帯ブックス⑱　「朝起きてから、学校に着くまで」～「帰りの会・放課後」「学級事務」まで、1日の流れに沿って、仕事の能率を一挙に上げる方法を紹介。楽して成果を上げる80のワザとネタであなたもデキる教師に！

ホメる！　教師の1日

中村健一編著　河内教員サークルSOYA協力

B6判・一〇一頁　一三〇〇円

教師のための携帯ブックス⑲　朝の会から帰りの会・放課後まで、事あるごとにホメまくり、子どもたち・クラス・授業をどんどん素晴らしくする78のネタを公開。子どもも先生もハッピーにする、教育効果バツグンのほめまくり術！

笑う！　教師の1日

中村健一とゆかいな仲間たち著

B6判・九六頁　一三〇〇円

教師のための携帯ブックス⑳　朝イチから帰りまで、授業中もちょっとした隙間時間や休み時間にも、給食や掃除の時間にも笑う、子どもたちも教師も笑顔になる77のネタ！　笑いのある教室にすることは学級崩壊の予防にもなります。

もっと笑う！　教師の2日目

中村健一とゆかいな仲間たち著

B6判・九八頁　一三〇〇円

教師のための携帯ブックス㉑　教師が上の階から子どもたちに行う「天使のあいさつ」、掃除の時間に、子どもの耳元でささやく「デビル○○のささやき」など、朝から帰りまで1日目よりももっと笑えるネタ80。笑顔のある学級は崩壊しません。

表示価格は本体価格です。別途消費税がかかります。